# सती विशाखा
## ( एक मोची की बेटी )

AF526631

# सती विशाखा

## ( एक मोची की बेटी )

सैनी बाबू

प्रभात
पेपरबैक्स
www.prabhatbooks.com

*प्रकाशक*
**प्रभात पेपरबैक्स**
**प्रभात प्रकाशन प्रा. लि.** का उपक्रम
4/19 आसफ अली रोड, नई दिल्ली–110002
फोन : 011–23289777 • हेल्पलाइन नं. : 7827007777
इ–मेल : prabhatbooks@gmail.com ❖ वेब ठिकाना : www.prabhatbooks.com

*संस्करण*
प्रथम, 2023

*सर्वाधिकार*
सुरक्षित

*मूल्य*
दो सौ रुपए

*मुद्रक*
आर–टेक ऑफसेट प्रिंटर्स, दिल्ली

**SATI VISHAKHA**
*novel* by Shri Babulal Sankhala 'Saini Babu'

Published by **PRABHAT PAPERBACKS**
An imprint of Prabhat Prakashan Pvt. Ltd.
4/19 Asaf Ali Road, New Delhi-110002

ISBN 978-93-5521-419-5

₹ 200.00

मैं यह पुस्तक

भगवान् श्रीगणेश का

चरणवंदन करते हुए,

बाबा वैद्यनाथ के चरणों में समर्पित कर रहा हूँ।

# भूमिका

वे अनकही बातें, जो हम किसी से कह नहीं पाते। अकसर अपनी कलम को कहते हैं, ताकि वह हमारे मन की बातें दुनिया को कह सके। मेरा बचपन गाँव में बीता। मैंने जातिवाद के जहर को बहुत करीब से देखा। ऐसे ही कक्षा छह में पढ़ते हुए अपने दोस्त की पीड़ा को महसूस किया, जो एस.सी. होने के कारण हमारे साथ टिफिन शेयर नहीं करता था। बाकी दोस्तों से अलग बैठकर अकेले खाता था। बस यहीं से विद्रोह की शुरुआत हुई और मैं और मेरी मित्र सुनैना शर्मा उसके साथ अपना टिफिन बाँटकर खाने लगे। नतीजतन मैं दूसरे दोस्तों के गुस्से का शिकार होने लगा। फिर जातिवाद को और करीब से समझने का मौका मिला। 'सती विशाखा' (एक मोची की बेटी) में मेरी वही पीड़ा निकलकर बाहर आई। जहाँ पंडित दयाशंकरजी सामाजिक ताने-बाने की वजह से कट्टर ब्राह्मण दिखते हैं, पर उनके अंदर एक इनसान भी है, जिसके अंदर पिता का दर्द है। वही पिता चतुरता से उस सामाजिक ताने-बाने को छिन्न-भिन्न कर देता है और बेटे की मृत्यु के बाद एक मोची की बेटी के साथ ब्राह्मण के बेटे का मंदिर बनवाने में सफल हो जाता है।

शायद मैं ऐसे समाज का सपना देखता हूँ, जिसे मेरी लेखनी ने कागज पर उतारा है।

मैं आदरणीय अजयजी (NEIST) का हृदय तल से आभारी हूँ कि उन्होंने इस उपन्यास को प्रकाशन हेतु तैयार करने में मेरी तकनीकी रूप से बहुत मदद की। आदरणीय रुनु दीदी (रुनु बरुआ) का आभारी हूँ, जिन्होंने इसे छपवाने की मुझे प्रेरणा दी। साथ ही प्रभात प्रकाशन को हृदय से धन्यवाद दे रहा हूँ, इन्होंने छापने की जिम्मेदारी ली। मैं आपका आभारी हूँ कि मेरी पुस्तक पाठक के रूप में आपके हाथ में है।

# सती विशाखा
## ( एक मोची की बेटी )

जून की गरम दोपहरी में गाँव के रास्ते सुनसान थे। जिनके कच्चे घर थे, वे छप्पर के नीचे हाथ का पंखा झलते हुई आराम फरमा रहे थे या फिर घर के सामनेवाले या बगलवाले नीम के पेड़ के नीचे अपने खर्राटों से दोपहर की शांति भंग कर रहे थे। जो थोड़े आर्थिक रूप से सक्षम थे, वे पक्के मकान में बिजली के पंखे के नीचे आराम से सो रहे थे और जो अमीरों की श्रेणी में आते थे, वे अभी नई-नई लगाई गई ठंडी हवा देनेवाली मशीन, जिसे अंग्रेजी में एयर कूलर या एयर कंडीशनर कहते हैं, को चलाकार ठंडे कमरे में आराम से सो रहे थे। इन अमीरों के बच्चे शाम को दिन जब थोड़ा ठंडा हो जाता तो गाँव की चौपाल में गर्व से बताते कि आज गरमी बहुत थी, इसलिए बाहर निकले ही नहीं, एयर कंडीशनर या कूलर चलाकर सो गए। इसमें उनकी अपने आप को सर्वोपरि या सर्वश्रेष्ठ दिखाने की भावना ज्यादा झलकती थी।

गाँव से थोड़ा बाहर की तरफ खँडहरों के पास एक तालाब

था, जिसके किनारे पीपल के पेड़ लगे थे। दोपहर के सन्नाटे में हवा का कोई झोंका पेड़ के पत्तों में सरसराहट पैदा करता तो कभी नीचे पड़े सूखे पत्तों में हलचल पैदा करता। गरमी से बचने के लिए पेड़ पर बैठे तोते व चिड़िया कभी-कभी अपनी सुरीली आवाज में सुनसान दोपहरी को संगीत प्रदान करते।

उन्हीं पेड़ों में से एक पेड़ के नीचे चबूतरा बना था, जिस पर पं. दयाशंकरजी का पंद्रह-सोलह साल का लड़का बैठा था। नाम था रमाशंकर। पं. दयाशंकरजी गाँव के मुख्य मंदिर के पुजारी थे व गाँव में उनका काफी दबदबा था। गाँव की पंचायतों में होनेवाले फैसलों में उनकी मुख्य भूमिका रहती थी।

*उन्हीं पेड़ों में से एक पेड़ के नीचे चबूतरा बना था, जिस पर पं. दयाशंकरजी का पंद्रह-सोलह साल का लड़का बैठा था। नाम था रमाशंकर। पं. दयाशंकरजी गाँव के मुख्य मंदिर के पुजारी थे व गाँव में उनका काफी दबदबा था। गाँव की पंचायतों में होनेवाले फैसलों में उनकी मुख्य भूमिका रहती थी।*

रमाशंकर तालाब में पत्थर को इस तरह फेंक रहा था कि पत्थर पानी पर दो-तीन बार उछलकर पानी में डूब जाता था। रमाशंकर को इसमें बड़ा मजा आ रहा था। साथ ही चिलचिलाती धूप में तालाब किनारे पेड़ के नीचे बैठकर शीतल हवा का आनंद ले रहा था। यह उसका प्रायः नियमित कार्यक्रम था।

तालाब के दूसरी ओर एक लड़की बकरियों का झुंड चराने

आती थी, गाँव की भाषा में इस झुंड को रेवड़ कहते हैं। बकरियाँ अलग-अलग पेड़ों के नीचे बैठी या तो सुस्ता रही थीं या जुगाली कर रही थी। वह लड़की पेड़ के नीचे बैठी कोई लोकगीत गुनगुना रही थी। उसकी सुरीली आवाज रमाशंकर के कानों में अमृत घोल रही थी और वह मग्न होकर उसे सुन रहा था। रमाशंकर प्राय: उस लड़की को दोपहरी में गाते हुए देखता था। उसकी इच्छा होती कि वो उसके पास जाए और उससे परिचित हो।

एक दिन रमाशंकर गरमी की चिंता छोड़ तालाब के दूसरी ओर उस लड़की से परिचित होने चला गया। लड़की ने जब रमाशंकर को अपनी तरफ आते देखा तो उसने गाना बंद कर दिया और उठ खड़ी हुई। उसने जल्दी से बकरियों को इकट्ठा करना शुरू कर दिया। उसने एक बार रमाशंकर की तरफ देखा और अपने काम में लग गई। रमाशंकर काफी करीब आ गया था, कोई दस-पंद्रह गज का फासला रहा होगा तो रमाशंकर ने उस लड़की से उसका नाम पूछा, लड़की ने एक रूखी सी दृष्टि रमाशंकर पर डाली और बिना जवाब दिए बकरियों को लेकर चल पड़ी। रमाशंकर को बड़ी निराशा हुई, वह

*एक दिन रमाशंकर गरमी की चिंता छोड़ तालाब के दूसरी ओर उस लड़की से परिचित होने चला गया। लड़की ने जब रमाशंकर को अपनी तरफ आते देखा तो उसने गाना बंद कर दिया और उठ खड़ी हुई। उसने जल्दी से बकरियों को इकट्ठा करना शुरू कर दिया।*

आकर फिर तालाब किनारे पीपल के पेड़ के नीचे बैठ गया और तालाब के पानी को छूकर आती शीतल हवा का आनंद लेने लगा।

□

यह गाँव जातियों में बँटा हुआ था, गाँववालों की भाषा में, जिन्हें ऊँची जाति के नाम से जाना जाता था, वे एक तरफ रहते थे। उनमें ब्राह्मण, राजपूत, जाट जैसी जातियाँ थीं। जबकि गाँववालों की ही भाषा में, जिन्हें छोटी जातवाले कहा जाता था, वे दूसरी तरफ रहते थे। उनमें ज्यादातर हरिजन, चमड़े का काम करनेवाले लोग व अन्य जातियाँ थीं। गाँव के एक तबके में शिक्षा का खास महत्त्व नहीं था। गाँव का हर शख्स खेती-बाड़ी से जुड़ा था, उनमें सभी तरह के लोग थे। जिन्हें सचमुच अपने बच्चों को पढ़ाना होता था, वे अपने बच्चों को बगल के कस्बे में भेजते थे, जो चार-पाँच किलोमीटर की दूरी पर था। इस गाँव की चौपाल में भी एक बड़ा सा पीपल का पेड़ था, जिसे गाँव की औरतें त्योहार पर पूजा करती थीं। इसी पेड़ के पास, एक छोटा सा, एक कमरे का स्कूल था, जो मात्र कक्षा तीन तक था। खेती करनेवाले लोग उस स्कूल में

*यह गाँव जातियों में बँटा हुआ था, गाँववालों की भाषा में, जिन्हें ऊँची जाति के नाम से जाना जाता था, वे एक तरफ रहते थे। उनमें ब्राह्मण, राजपूत, जाट जैसी जातियाँ थीं। जबकि गाँववालों की ही भाषा में, जिन्हें छोटी जातवाले कहा जाता था, वे दूसरी तरफ रहते थे।*

बच्चों को इसलिए भेजते थे, ताकि उनकी अनुपस्थिति में उस स्कूल के एकमात्र 'गुरुजी' उनके बच्चों का खयाल रख सकें। बदले में गुरुजी को सरकारी तनख्वाह के अलावा गाँववालों से तरबूज, खरबूजा, ककड़ी, दूध, दही, घी जैसी वस्तुएँ भी मिलती रहती थीं। हालाँकि कहने को यह कक्षा तीन तक का स्कूल था, पर बच्चे पंद्रह-बीस से ज्यादा नहीं थे और सभी बच्चों को एक साथ ही बैठाया जाता था। बच्चा अपना नाम लिखना सीख जाए तो वह गाँववालों के लिए कक्षा दस के बराबर था, जबकि चिट्ठी पढ़नी-लिखनी सीख जाए तो स्नातक के बराबर होता था।

स्कूल के एकमात्र कमरे में एक पंखा लगा था, जो जून की झुलसानेवाली गरमी में चू-चू ची-ची लयबद्ध तरीके से करते हुए गुरुजी को हवा प्रदान करता था। उस वक्त गुरुजी सामने की टेबल पर पाँव पसारकर कुरसी पर आराम से खर्राटे भरते थे। तो कभी पीपल के पेड़ के नीचे टेबल-कुरसी लगाकर आराम फरमाते। बच्चे सामने बैठते।

*स्कूल के एकमात्र कमरे में एक पंखा लगा था, जो जून की झुलसानेवाली गरमी में चू-चू ची-ची लयबद्ध तरीके से करते हुए गुरुजी को हवा प्रदान करता था। उस वक्त गुरुजी सामने की टेबल पर पाँव पसारकर कुरसी पर आराम से खर्राटे भरते थे।*

बच्चे धीरे-धीरे बातें करना शुरू करते, जो बाद में शोरवाली ऊँचाइयों को छू लेती। उस वक्त गुरुजी की मीठी नींद में खलल

पड़ता तो वे आँखें खोलकर पाँवों के पास टेबल पर पड़ी छड़ी को उठा लेते और जोर से टेबल पर मारकर बच्चों को डराते, बच्चे चुप हो जाते तो गुरुजी फिर से खर्राटों की शुरुआत करते और बच्चे अपनी बातों की। जब गुरुजी के खर्राटे और बच्चों की बातें अपनी-अपनी ऊँचाइयों को छूते हुए शोर तक पहुँचती तो गुरुजी फिर से आँख खोलकर बेंत को टेबल पर मारते। और यह क्रम कई बार चलता। इसी बीच रमाशंकर अपनी स्लेटवाला थैला स्कूल में छोड़ तालाब किनारे पहुँच जाता और कोई बच्चा रमाशंकर के थैले को छुट्टी के बाद उसके घर पंडिताइन को दे आता।

जिस दिन रमाशंकर उस बकरियोंवाली लड़की से परिचित होने गया था, उस दिन से वह लड़की तालाब के उस पार दिखाई नहीं दी। उसकी नजर बार-बार तालाब के उस पार उस लड़की को खोजने जाती और निराशा लेकर लौटती। रमाशंकर चबूतरे पर खड़ा होकर दूर तक देखने लगता, पर वहाँ सूने खेतों के अलावा कुछ नहीं दिखता।

*जिस दिन रमाशंकर उस बकरियोंवाली लड़की से परिचित होने गया था, उस दिन से वह लड़की तालाब के उस पार दिखाई नहीं दी। उसकी नजर बार-बार तालाब के उस पार उस लड़की को खोजने जाती और निराशा लेकर लौटती। रमाशंकर चबूतरे पर खड़ा होकर दूर तक देखने लगता, पर वहाँ सूने खेतों के अलावा कुछ नहीं दिखता।*

पंछी-पखेरू भी इस झुलसती गरमी में पेड़ों पर सुस्ता रहे होते थे। इसी तरह एक महीना होने को आ गया। जून खत्म हो गया था। अब आसमान में पानी लेकर बादल आने लगे थे। यह जुलाई का महीना था। आजकल रमाशंकर को पीपल के नीचे अकेलापन-सा अनुभव होने लगा था। यह जगह अब उबाऊ लगने लगी थी। फिर भी एक अनजान कारण अकारण ही उसे यहाँ खींच लाता था, पर थोड़ी देर में ही मन भर जाता था और वह उद्विग्न हो जाता।

*पंछी-पखेरू भी इस झुलसती गरमी में पेड़ों पर सुस्ता रहे होते थे। इसी तरह एक महीना होने को आ गया। जून खत्म हो गया था। अब आसमान में पानी लेकर बादल आने लगे थे। यह जुलाई का महीना था। आजकल रमाशंकर को पीपल के नीचे अकेलापन-सा अनुभव होने लगा था। यह जगह अब उबाऊ लगने लगी थी।*

□

दो-तीन बरसात हो चुकी थीं, किसानों की गतिविधियाँ खेती की तरफ बढ़ गई थीं। जो कोई मजदूरी वगैरह करने जाता था, उसका रुख भी अब खेती की तरफ हो चला था। सभी खेत जोतने से पहले अवांछित झाड़ियों को काटने और घास को हटाने के काम में लगे थे। जिनके पास बड़ी खेती की जमीनें थीं, वे मजदूरों से काम करवा रहे थे, बाकी घर के लोगों के साथ खेती के काम में लगे थे। आज भी आकाश में बादल छाए हुए थे, मौसम सुहावना था। सुबह ही

पंडितजी ने रमाशंकर को कह दिया था, "आज गुरुजी (स्कूल) के पास नहीं जाना है, माँ के साथ खेत का मुआयना करने चले जाना। मैं भी गाँव के मंदिर में पूजा करके आता हूँ। कल से मजदूर लगाने होंगे। आज वे भी ठीक करने हैं।"

एक पहर बीत जाने के बाद पंडिताइन रमाशंकर को साथ लेकर खेत की तरफ चल दी। रास्ता तालाब के पास से होकर जाता था। रमाशंकर रास्ते में कभी किसी पत्थर को उठाकर दूर फेंकता और खुश होता तो कभी किसी चिड़िया के पीछे दौड़ता। कभी रास्ते की धूल को पाँव से उछालता, तो पंडिताइन उसे ऐसा करने के लिए मना करती। तालाब के पास पहुँचते ही रमाशंकर दौड़कर चबूतरे पर चढ़ गया। चबूतरे पर खड़ा होकर तालाब के पार नजर दौड़ाई। अब वहाँ सूने खेत नहीं थे, उनके मालिक खेती करने की तैयारी कर रहे थे। उसे एक पल के लिए अनजानी मायूसी ने घेर लिया। फिर एक पत्थर उठाकर तालाब में फेंक दिया। दूसरे ही पल देखा, उसकी माँ (पंडिताइन) बहुत

*एक पहर बीत जाने के बाद पंडिताइन रमाशंकर को साथ लेकर खेत की तरफ चल दी। रास्ता तालाब के पास से होकर जाता था। रमाशंकर रास्ते में कभी किसी पत्थर को उठाकर दूर फेंकता और खुश होता तो कभी किसी चिड़िया के पीछे दौड़ता। कभी रास्ते की धूल को पाँव से उछालता, तो पंडिताइन उसे ऐसा करने के लिए मना करती।*

आगे निकल गई है और उसे बुला रही है। वह चबूतरे से कूदकर पंडिताइन की तरफ दौड़ पड़ा।

खेत में पहुँचकर पंडिताइन ने झुककर धरती को प्रणाम किया व रमाशंकर को भी वैसा ही करने के लिए कहा। रमाशंकर ने पंडिताइन की नकल तो की, पर उसे यह समझ में नहीं आया कि उसने किसको प्रणाम किया है।

*खेत में पहुँचकर पंडिताइन ने झुककर धरती को प्रणाम किया व रमाशंकर को भी वैसा ही करने के लिए कहा। रमाशंकर ने पंडिताइन की नकल तो की, पर उसे यह समझ में नहीं आया कि उसने किसको प्रणाम किया है।*

पंडितजी का खेत बहुत बड़ा था, जिसके बीचोबीच एक टीला था। रमाशंकर दौड़कर उस टीले पर चढ़ गया और खेत के चारों तरफ नजर दौड़ाई। अपने खेत को देखकर उसे एक अजीब सी खुशी का अहसास हुआ। पंडिताइन उसके पास आ चुकी थी। वह भी चारों तरफ खेत को निहार रही थी। वह धीरे से बड़बड़ाई, "कल तो मजदूर लगाने ही होंगे।" फिर रमाशंकर की तरफ मुखातिब होकर बोली, "कल से रोज सुबह ही खेत आना होगा, मजदूरों से काम करवाना है। तुझे ही देखरेख करनी है।" अपरिपक्व रमाशंकर ने हाँ तो कह दिया, पर उसके पास दूसरे दिन की कोई समय-सारणी नहीं थी, न ही कोई अभिज्ञता। इन सबके बीच भी उसे रह-रहकर तालाब का ध्यान आ ही जाता था। थोड़ी ही देर में पंडितजी भी वहाँ पहुँच गए।

खेत में तीनों घड़ी-दो घड़ी रुके और उसके बाद तीनों वापस अपने घर की तरफ लौट आए, पर रमाशंकर आते वक्त भी तालाब किनारे चबूतरे पर चढ़ना और तालाब में एक पत्थर फेंकना नहीं भूला। पंडितजी रमाशंकर को लेकर बहुत चिंतित रहते थे। उनकी नजर में वह एक मंदबुद्धि बालक था, जिसकी वजह से पंडितजी उसे संस्कृत के श्लोक सिखाने या पूजा विधि सिखाने की जहमत नहीं उठाना चाहते थे। पर वे इस बात से संतुष्ट थे कि इतना बड़ा खेत है। खेती करना ही सिखा देंगे तो कम-से-कम भूखा तो नहीं मरेगा। रास्ते में पंडितजी ने पंडिताइन को बताया कि अभी खेती का मौसम शुरू हो गया है और मजदूर मिलने मुश्किल हो गए हैं। कल तीन औरतों को खेत में काम करने के लिए तैयार किया है। तुम और रमाशंकर कल जल्दी खेत आ जाना, वे औरतें भी काम करने जल्दी खेत में आ जाएँगी। उन्हें काम में लगाकर रमाशंकर को यहीं छोड़ देना और तुम घर आ जाना। तब तक मैं भी पूजा-पाठ कर खेत में आ जाऊँगा। तुम दोपहर को खाना लेकर आ जाना। दूसरे दिन की सारी दिनचर्या तय हो

*खेत में तीनों घड़ी-दो घड़ी रुके और उसके बाद तीनों वापस अपने घर की तरफ लौट आए, पर रमाशंकर आते वक्त भी तालाब किनारे चबूतरे पर चढ़ना और तालाब में एक पत्थर फेंकना नहीं भूला। पंडितजी रमाशंकर को लेकर बहुत चिंतित रहते थे।*

गई थी। पंडितजी दोनों को घर छोड़कर नारियल, अगरबत्ती लेने बाजार चले गए। कल खेत में पहला दिन होगा, इसलिए नारियल फोड़कर काम शुरू करना होगा।

□

पंडिताइन एक घड़ी रात बाकी थी तो उठ गई। उसका उठने का वही समय था। नित्यकर्म व साफ-सफाई से फारिग होकर पंडिताइन ने चाय बनाकर पी और पंडितजी को उठा दिया। रात अँधेरे को अपनी झोली में समेटकर जाने को तैयार बैठी थी, ताकि सूरज अपना कर्तव्य-निर्वहण कर सके। पंडिताइन की रसोई से निकल रहा लकड़ी का धुआँ सुबह के रंग को और गाढ़ा कर रहा था। रमाशंकर भी अलसाई आँखों को हाथ से रगड़ता हुआ मुँह धोने के लिए पानी के लोटे की तरफ बढ़ रहा था। पाठक को अंदाजा हो गया होगा कि यह उस काल की कहानी है, जब हर घर के आँगन में तुलसी के पेड़ तो होते थे, पर शौचालय नहीं होते

*पंडिताइन एक घड़ी रात बाकी थी तो उठ गई। उसका उठने का वही समय था। नित्यकर्म व साफ-सफाई से फारिग होकर पंडिताइन ने चाय बनाकर पी और पंडितजी को उठा दिया। रात अँधेरे को अपनी झोली में समेटकर जाने को तैयार बैठी थी, ताकि सूरज अपना कर्तव्य-निर्वहण कर सके। पंडिताइन की रसोई से निकल रहा लकड़ी का धुआँ सुबह के रंग को और गाढ़ा कर रहा था।*

थे। शौच के लिए भी पास के खेत ही होते थे। पंडितजी एक हाथ से मुँह में नीम का दातुन दबाए और दूसरे हाथ में पानी का लोटा लिये, उसी गंतव्य की तरफ प्रस्थान कर रहे थे। सूरज की पहली किरण छज्जे से अपने आने का संदेश दे रही थी।

रमाशंकर ने अपने मुँह और आँखों को धोया, पंडिताइन से हाथ में रोटी और काँसी की बाटी में चाय लेकर पीने का आनंद ले रहा था। पंडितजी भी नित्यकर्म को जल्द ही निपटाकर नहा लिये और तैयार हो गए। पहले खेत जाने का कार्यक्रम बना। पंडितजी खेत की पूजा कर मुख्य मंदिर आ जाएँगे पूजा करने। पंडिताइन मजदूरों को काम में लगाकर, रमाशंकर को काम समझाकर घर आ जाएगी बाकी का कामकाज निपटाने। रमाशंकर मजदूरों से खेत में काम कराएगा।

*रमाशंकर ने अपने मुँह और आँखों को धोया, पंडिताइन से हाथ में रोटी और काँसी की बाटी में चाय लेकर पीने का आनंद ले रहा था। पंडितजी भी नित्यकर्म को जल्द ही निपटाकर नहा लिये और तैयार हो गए। पहले खेत जाने का कार्यक्रम बना। पंडितजी खेत की पूजा कर मुख्य मंदिर आ जाएँगे पूजा करने।*

पर खेत में पहुँचकर सब निराश हो गए, क्योंकि तीन मजदूर की जगह सिर्फ एक ही महिला मजदूर आई थी, बाकी दो किसी कारणवश नहीं आ सकीं। पंडितजी को मुख्य मंदिर की पूजा के

लिए जाना था, अतः जल्दी से खेत के पेड़ के नीचे पड़े पत्थर पर नारियल फोड़ा और अगरबत्ती जलाई। फिर दोनों हाथ जोड़कर कुछ मंत्र बुदबुदाए और पूजा को संपूर्ण किया। रमाशंकर और पंडिताइन को खेत में छोड़कर इस चिंता में बड़बड़ाते हुए चले कि इन छोटे लोगों को काम की कोई जिम्मेदारी नहीं है। कल आने का बोलकर भी आज नहीं आए। जैसी ईश्वर की इच्छा। पंडिताइन ने गँडासा उठाया और एक तरफ से झाड़ियों को काटने में लग गई, जबकि महिला मजदूर दूसरी तरफ काट रही थी। पर पंडिताइन ज्यादा देर टिक नहीं सकी, एक तो इस तरह की मेहनत की आदत नहीं थी, फिर इस तरह की मेहनत से होनेवाली तकलीफ ने घर के बचे हुए काम याद दिला दिए थे। अतः बाकी कहाँ से क्या काम करना है, यह रमाशंकर को समझाकर पंडिताइन घर की ओर रुखसत हो गई। रमाशंकर ने माँ का छोड़ा हुआ गँडासा उठाकर

*कल आने का बोलकर भी आज नहीं आए। जैसी ईश्वर की इच्छा। पंडिताइन ने गँडासा उठाया और एक तरफ से झाड़ियों को काटने में लग गई, जबकि महिला मजदूर दूसरी तरफ काट रही थी। पर पंडिताइन ज्यादा देर टिक नहीं सकी, एक तो इस तरह की मेहनत की आदत नहीं थी, फिर इस तरह की मेहनत से होनेवाली तकलीफ ने घर के बचे हुए काम याद दिला दिए थे।*

झाड़ियों को काटने की शुरुआत तो की, पर जल्द ही उसे गँडासे के भार का पता चल गया। वह गँडासा छोड़कर बेरों की झाड़ियों का निरीक्षण करने लगा, जिन पर हरे रंग के कच्चे बेर लगे थे। एक-दो बार चखे भी, पर वे खट्टे ही नहीं कड़वे निकले और दूसरे ही पल थूकने पड़ गए।

रमाशंकर का खेत में मन नहीं लग रहा था, उसे रह-रहकर तालाब याद आ रहा था। पर जा भी नहीं सकता था। तभी उसे पास के खेत से किसी के गाने की आवाज सुनाई दी, वही तालाब के पासवाला गाना था। अकसर गाँव में लोग मस्ती में एक ही जैसे लोकगीत को गाते हैं। यह भी उतना ही मधुर था, जितना तालाब के उस पारवाला गाना। वह उस आवाज की दिशा जानना चाहता था, पर उसे उस आवाज पर दिशाभ्रम हो गया था। वह दौड़कर उस मजदूर औरत के पास गया और पूछा कि यह गाने की आवाज कहाँ से आ रही है ? उस औरत ने थोड़ा ध्यान से सुना और बताया कि पास के खेत में विशाखा नाम की लड़की काम कर रही है, शायद वही गा

*रमाशंकर का खेत में मन नहीं लग रहा था, उसे रह-रहकर तालाब याद आ रहा था। पर जा भी नहीं सकता था। तभी उसे पास के खेत से किसी के गाने की आवाज सुनाई दी, वही तालाब के पासवाला गाना था। अकसर गाँव में लोग मस्ती में एक ही जैसे लोकगीत को गाते हैं। यह भी उतना ही मधुर था, जितना तालाब के उस पारवाला गाना।*

रही है। इस गीत को अकसर वही गाती है। रमाशंकर की जिज्ञासा बढ़ गई, "कौन विशाखा? कहाँ रहती है?"

"इसी गाँव के मंगू मोची की बेटी है। बकरियों का रेवड़ निकालती है। पर अब खेती का मौसम आ गया तो खेतों में मजदूरी करती है, हम सबके साथ।" रमाशंकर का एक पल के लिए खुशी का ठिकाना नहीं रहा। पर अगले ही पल वह उदास हो गया।

दोपहर में खाने का समय हो चुका था। पंडितजी और पंडिताइन आ चुके थे। पंडिताइन दोपहर का खाना साथ ले आई थी। महिला मजदूर ने प्रार्थना की कि वह बगल के खेत में खाना खाने जाएगी, उसकी सहेलियाँ वहाँ काम कर रही हैं। पंडितजी ने इजाजत दे दी और साथ ही पता लगाने को कहा कि कोई और मजदूर हो तो उनसे पूछ लें। हमें और मजदूरों की जरूरत पड़ेगी। महिला मजदूर ने 'हाँ' में गरदन हिलाई और पड़ोस के खेत की तरफ चल दी। पंडिताइन ने भी सभी को खाने के लिए दिया। आज रमाशंकर के खाने के मामले

*दोपहर में खाने का समय हो चुका था। पंडितजी और पंडिताइन आ चुके थे। पंडिताइन दोपहर का खाना साथ ले आई थी। महिला मजदूर ने प्रार्थना की कि वह बगल के खेत में खाना खाने जाएगी, उसकी सहेलियाँ वहाँ काम कर रही हैं। पंडितजी ने इजाजत दे दी और साथ ही पता लगाने को कहा कि कोई और मजदूर हो तो उनसे पूछ लें।*

में जल्दबाजी और मितव्ययिता देखी गई। सबसे पहले उसने खाना निपटाया। फिर पंडिताइन की तरफ देखते हुए बोला, "माँ, पास के खेत में मजदूर ढूँढ़ने जाऊँ कल के लिए ?"

पंडितजी और पंडिताइन दोनों ने आश्चर्य भरी नजर से रमाशंकर को एक बार देखा, फिर दोनों एक-दूसरे की तरफ देखकर मुसकरा उठे। भूल से भी बच्चों में समझदारी के लक्षण नजर आ जाएँ तो माँ-बाप का हर्षित होना लाजिमी है। पर माँ ने स्नेहवश उसको अकेले जाने की इजाजत नहीं दी और खुद भी भोजन खत्म कर रमाशंकर के साथ जाने को तैयार हुई। तभी देखा कि वह मजदूर औरत वापस आ रही है। अतः खुद न जाकर उसी से खबर लेनी बेहतर समझी।

*पंडितजी और पंडिताइन दोनों ने आश्चर्य भरी नजर से रमाशंकर को एक बार देखा, फिर दोनों एक-दूसरे की तरफ देखकर मुसकरा उठे। भूल से भी बच्चों में समझदारी के लक्षण नजर आ जाएँ तो माँ-बाप का हर्षित होना लाजिमी है।*

उस मजदूर औरत ने बताया कि कल दो मजदूर उसके साथ आ जाएँगी। बगल के खेत का काम आज खत्म हो जाएगा। पंडितजी और पंडिताइन इस बात से शंकित भी थे कि सचमुच आएँगी भी या नहीं। पर जब उस मजदूर औरत ने पक्के तौर पर भरोसा दिया तो पंडितजी और पंडिताइन ने राहत की साँस ली। पर रमाशंकर अब भी थोड़ा निराश था। अब वह मौका ढूँढ़ रहा था उस मजदूर औरत से बात करने का।

और जब मौका मिला तो पूछ बैठा, "क्या कल विशाखा भी आएगी?" वह औरत काम बंद कर रमाशंकर को एकटक देखने लगी और फिर मुसकरा दी।

□

*आज मौसम बहुत सुहाना था, बादल घिरे हुए थे। शीतल बयार चल रही थी। सूर्यदेव कभी-कभार धरती की तरफ झाँक लेते थे। खेतों में काफी चहल-पहल थी। सभी लोग आज जल्दी ही खेतों में पहुँच गए थे। कुछ लोगों ने तो बुआई का काम भी शुरू कर दिया था।*

आज मौसम बहुत सुहाना था, बादल घिरे हुए थे। शीतल बयार चल रही थी। सूर्यदेव कभी-कभार धरती की तरफ झाँक लेते थे। खेतों में काफी चहल-पहल थी। सभी लोग आज जल्दी ही खेतों में पहुँच गए थे। कुछ लोगों ने तो बुआई का काम भी शुरू कर दिया था। पंडितजी भी आज रोजमर्रा के काम निपटाकर पंडिताइन और रमाशंकर के साथ खेत पर आ चुके थे। कलवाली मजदूर औरत दो और मजदूर औरतों को साथ ले आई थी। रमाशंकर को तालाब के उस पार की बकरियोंवाली लड़की को पहचानने में देर न लगी। मजदूर औरतों ने आकर पंडित-पंडिताइन को राम-राम कहा। पंडिताइन ने उनका नाम पूछा, एक ने रेवती बताया तो दूसरी ने विशाखा। जो कल मजदूर औरत आई थी, उसका नाम सीमा था। रमाकांत के चेहरे पर खुशी के भाव स्पष्ट झलक रहे थे। लगता था, जैसे उसके चेहरे पर एक नई कांति आ गई। उसने आखिर विशाखा

से पूछ ही लिया, "तुम वही हो न, जो तालाब किनारे बकरियाँ लेकर आती थी।" विशाखा ने हलकी सी मुसकराहट के साथ हाँ में गरदन हिलाई, सीमा मुसकरा रही थी। रमाशंकर ने अपनी माँ की तरफ मुँह करके बताया, "विशाखा बहुत अच्छा गाती है।" तो सभी लोग हँस पड़े। पंडितजी ने मजदूर औरतों को काम समझाया और मुख्य मंदिर की पूजा करने निकल पड़े। पंडिताइन भी घर के बाकी कामकाज निपटाने उनके साथ ही चल दी। रमाशंकर टीले पर बने पेड़ के नीचे कपड़ा बिछाकर उस पर बैठ गया।

*काम शुरू करने के कुछ ही देर बाद विशाखा ने गाना शुरू किया तो रेवती और सीमा उसका साथ देने लगी। उनके गाने में जो मिठास थी, उसका वर्णन नहीं किया जा सकता। फिजाँ बदल रही थी, वातावरण संगीतमय हो चला था। जैसे बादलों की ओट से सूरज भी उस धुन को सुन मुसकरा रहा था।*

काम शुरू करने के कुछ ही देर बाद विशाखा ने गाना शुरू किया तो रेवती और सीमा उसका साथ देने लगी। उनके गाने में जो मिठास थी, उसका वर्णन नहीं किया जा सकता। फिजाँ बदल रही थी, वातावरण संगीतमय हो चला था। जैसे बादलों की ओट से सूरज भी उस धुन को सुन मुसकरा रहा था। जैसे पवन ने गति पकड़ ली थी। बादल जैसे झूम उठे थे। जब जंगली फूल आपस में टकराते थे तो लगता था, जैसे प्रेमक्रीड़ा कर रहे हों। लगता था, जैसे उनके संगीत पर पेड़ों की पत्तियाँ हवा के साथ नृत्य

कर रही हों। पक्षियों का कलरव गायन को संगीत प्रदान कर रहा था, जैसे वे इस लोकगीत में उनका साथ दे रहे हों।

जैसे रमाशंकर के मन की मुराद पूरी हो गई हो···।

□

विशाखा मंगू मोची की लड़की थी। मंगू शहर के फुटपाथ पर जूते की मरम्मत का काम करता था। इसी गाँव में वह उस क्षेत्र में रहता था, जहाँ सवर्णों को छोड़ सभी लोग रहते थे। विशाखा की शादी बचपन में ही कर दी गई थी। पर गरीबी और पैसों का जुगाड़ नहीं होने की वजह से मंगू विशाखा का गौना नहीं कर पाया था। विशाखा के ससुरालवाले समृद्ध लोग थे, उन्होंने विशाखा की परवाह किए बिना ही लड़के की दूसरी जगह शादी कर दी। घर के सभी लोग इस घटना से टूट गए थे। मंगू जूतों की मरम्मत करते हुए चुपचाप आँसू बहाता था। विशाखा का इनसानों पर से विश्वास उठ गया था। वह बाईस–तेईस साल की हो गई थी। उसे शादी के

*विशाखा मंगू मोची की लड़की थी। मंगू शहर के फुटपाथ पर जूते की मरम्मत का काम करता था। इसी गाँव में वह उस क्षेत्र में रहता था, जहाँ सवर्णों को छोड़ सभी लोग रहते थे। विशाखा की शादी बचपन में ही कर दी गई थी। पर गरीबी और पैसों का जुगाड़ नहीं होने की वजह से मंगू विशाखा का गौना नहीं कर पाया था।*

नाम से चिढ़ हो गई थी। लड़की की शादी का टूटना उसका भयंकर अपमान होता है, उसके भविष्य और उसके सपनों का कत्ल होता है। जो उसके हृदय में असीमित पीड़ा दे जाता है। या तो वह स्त्री टूट जाती है या वह विरोधी बन जाती है। विशाखा में विरोध ने जन्म लिया था। वह गुस्सैल प्रवृत्ति की हो गई थी। पर स्त्री हृदय हमेशा कोमल होता है। वह जानती थी कि उसके पिता अकेले में जो आँसू बहाते हैं, उसका कारण वही नियति है, जिसने उसकी शादी को तोड़ा। वह पिता को सांत्वना देती, "बापू, तुझे और माँ को सँभालनेवाले भी तो कोई चाहिए, ईश्वर जो करता है, वह अच्छे के लिए करता है।" इस घटना ने उसे मानसिक रूप से परिपक्व कर दिया था। वह इस बारे में नहीं सोचती थी। बस अपने आप में व्यस्त रहती, हर समय बस गुनगुनाती रहती। पर वह गंभीर प्रवृत्ति की बन गई थी। ढोर करने से या मजदूरी से होनेवाली आय सीधे अपनी माँ को दे देती, ताकि पिता की सहायता हो सके। वह गाँव में लगनेवाले मेलों में नहीं जाती थी। वह अकेले रहना पसंद करती। इस एकाकी जीवन के अवसाद

*स्त्री हृदय हमेशा कोमल होता है। वह जानती थी कि उसके पिता अकेले में जो आँसू बहाते हैं, उसका कारण वही नियति है, जिसने उसकी शादी को तोड़ा। वह पिता को सांत्वना देती, "बापू, तुझे और माँ को सँभालनेवाले भी तो कोई चाहिए, ईश्वर जो करता है, वह अच्छे के लिए करता है।"*

को उसकी माँ भलीभाँति समझती थी। पूँजीवादी व्यवस्था ने न जाने कितनों के जीवन को अपूर्ण किया है, कितने सपनों को तोड़ा है, कितनों के जीने के अधिकारों को छीना है। पर अशिक्षित व असहाय व्यक्ति इसे सिर्फ अपने भाग्य का दोष मानता है।

□

उसी गाँव में एक छोटा सा टीला था, जिस पर एक पक्का मकान या उसे हवेली कह सकते हैं, बनी हुई थी। गाँववाले उसे 'रावला' के नाम से पुकारते थे। वह हवेली शक्ति सिंहजी की थी। कहते हैं कि राजा-महाराजा के समय इनके दादा, परदादा गाँववालों से लगान वसूल कर राजा को जमा देने का काम करते थे। शक्ति सिंहजी नेक इनसान थे, धर्म और भगवान् में बहुत विश्वास था उनका। गाँव के पंचों में से वे भी एक पंच थे। उनका एक लड़का था कर्णसिंह। वह पढ़ा-लिखा नहीं था। वह बैलगाड़ी भाड़े पर चलाता था, बाजार से खरीदा हुआ सामान जैसे—अनाज की बोरी, पशुओं का चारा आदि घरों में पहुँचाता और भाड़ा लेता। खेती के समय

*उसी गाँव में एक छोटा सा टीला था, जिस पर एक पक्का मकान या उसे हवेली कह सकते हैं, बनी हुई थी। गाँववाले उसे 'रावला' के नाम से पुकारते थे। वह हवेली शक्ति सिंहजी की थी। कहते हैं कि राजा-महाराजा के समय इनके दादा, परदादा गाँववालों से लगान वसूल कर राजा को जमा देने का काम करते थे।*

उन्हीं बैलों से खेतों में हल चलाता और पैसे कमाता। वह अपने पिता से विपरीत प्रवृत्ति का था। वह अब भी यह मानता था कि वे राजपरिवार से संबंध रखनेवाले लोगों में से हैं। इस नाते वे इस गाँव में राजा के बराबर हैं और कुछ भी करने के लिए आजाद हैं। वह शादीशुदा था, पर पढ़ा-लिखा नहीं था।

***कर्णसिंह अपने आप को क्षत्रिय मानता था और इस नाते वह अपने आप को सबसे ऊँची जाति का मानता था। उसके अनुसार वे समाज में कुछ भी करने के लिए स्वतंत्र थे। उनसे कोई मुकाबला नहीं कर सकता था। इसी विचार ने उसे दबंग बना दिया था। और इस तरीके के दबंग के साथ दो-चार शागिर्द भी जी-हुजूरी के लिए हमेशा रहते हैं।***

कर्णसिंह अपने आप को क्षत्रिय मानता था और इस नाते वह अपने आप को सबसे ऊँची जाति का मानता था। उसके अनुसार वे समाज में कुछ भी करने के लिए स्वतंत्र थे। उनसे कोई मुकाबला नहीं कर सकता था। इसी विचार ने उसे दबंग बना दिया था। और इस तरीके के दबंग के साथ दो-चार शागिर्द भी जी-हुजूरी के लिए हमेशा रहते हैं। वह जब भी विशाखा को देखता, उस पर फब्तियाँ कसता। विशाखा हमेशा उससे बचने की कोशिश करती। कभी-कभी उसके मन में आता कि उसका सिर फोड़ दे। पर वह गाँववालों की भाषा में ऊँची जाति का था और उसका विरोध करना आफत को बुलाना था। इसी वजह से विशाखा खून का घूँट

पीकर रह जाती। या तो नीचे गरदन कर चुपचाप निकल जाती या रास्ता बदल लेती। उसका यह डर कर्णसिंह के हौसलों को दुगुना कर देता। पर वह कर भी क्या सकती थी? मैं समझता हूँ कि हिंदू समाज के इसी ताने-बाने ने इस समाज का क्षय किया है।

□

आजकल रमाशंकर तालाब को भूल गया था। उसकी कोशिश रहती थी कि खेत जाते समय विशाखा का साथ मिल जाए और आते वक्त भी उसी के साथ आए। विशाखा रमाशंकर से छह-सात साल बड़ी थी। नाक-नक्श भी खास नहीं था, रंग साँवला था। पर तरुण अवस्था में विपरीत लिंग के प्रति जो आकर्षण होता है, वह प्राकृतिक होता है। रमाशंकर का भी हुआ, पर विशाखा इससे अनजान थी, उसके लिए रमाशंकर एक छोटे बच्चे के अलावा कुछ न था। रमाशंकर ने समय इस तरीके से मिलाया कि विशाखा व बाकी मजदूर औरतें उसे रास्ते में मिल ही जाती थीं।

*आजकल रमाशंकर तालाब को भूल गया था। उसकी कोशिश रहती थी कि खेत जाते समय विशाखा का साथ मिल जाए और आते वक्त भी उसी के साथ आए। विशाखा रमाशंकर से छह-सात साल बड़ी थी। नाक-नक्श भी खास नहीं था, रंग साँवला था। पर तरुण अवस्था में विपरीत लिंग के प्रति जो आकर्षण होता है, वह प्राकृतिक होता है।*

आज भी सब साथ ही खेत की तरफ जा रहे थे, तभी देखा कि सामने से बैलगाड़ी पर कर्णसिंह आ रहा है। कर्णसिंह ने आदतन लड़कियों पर फब्तियाँ कसना शुरू कर दिया, पर जैसे ही उसने विशाखा को छेड़ा, पता नहीं क्या हुआ कि रमाशंकर पागल के जैसे हो गया। उसने एक पत्थर उठाकर कर्णसिंह को दे मारा। निशाना चूक गया। कर्णसिंह सिंह ने रमाशंकर को पहले थप्पड़, फिर डंडा दिखाया। दोनों विपरीत दिशा में होने की वजह से और कर्णसिंह बैलगाड़ी पर होने की वजह से दोनों में फासला बढ़ गया और बात खत्म हो गई। विशाखा ने रमाशंकर को समझाते हुए कहा, "तुम्हें इस तरीके से गुस्सा नहीं करना चाहिए। वो तो बदमाश है। तुम तो अच्छे हो। उसकी तो आदत है।"

*आज भी सब साथ ही खेत की तरफ जा रहे थे, तभी देखा कि सामने से बैलगाड़ी पर कर्णसिंह आ रहा है। कर्णसिंह ने आदतन लड़कियों पर फब्तियाँ कसना शुरू कर दिया, पर जैसे ही उसने विशाखा को छेड़ा, पता नहीं क्या हुआ कि रमाशंकर पागल के जैसे हो गया।*

रमाशंकर का गोरा-चिट्टा चेहरा लाल पड़ चुका था। उसने गुस्से में फिर कहा, "मैं उसे जान से मार डालूँगा।" सभी रमाशंकर को इस तरह गुस्से में देख चुप हो गए और खेत की तरफ जाने लगे। सभी का मन खिन्न था। खेत में जाकर सब मजदूर काम में लग गए और रमाशंकर टीले पर पेड़ के नीचे कपड़ा बिछाकर

बैठ गया। उसके चेहरे पर अभी भी गुस्से के भाव थे। वह चुप था।

विशाखा काम करते हुए उसे बार-बार देख रही थी। फिर वह कुछ सोचकर काम बंद कर उसके पास आई। दोनों लड़कियाँ भी काम बंद कर उसे देखने लगीं।

"गीत सुनोगे?" विशाखा ने पास आकर पूछा।

रमाशंकर उसे देख मुसकरा उठा और हामी भर दी। विशाखा ने वापस जाकर काम शुरू किया और गाना भी। उसकी सहेलियाँ साथ गाने लगीं। हवा उस गीत को संगीत दे रही थी। हवा में दो पक्षी मधुर गीत के साथ अठखेलियाँ कर रहे थे। वृक्ष झूम उठे थे। मौसम बदल रहा था। रमाशंकर धीरे-धीरे उस गीत में खो गया। उसका गुस्सा नदारद हो गया।

*रमाशंकर उसे देख मुसकरा उठा और हामी भर दी। विशाखा ने वापस जाकर काम शुरू किया और गाना भी। उसकी सहेलियाँ साथ गाने लगीं। हवा उस गीत को संगीत दे रही थी। हवा में दो पक्षी मधुर गीत के साथ अठखेलियाँ कर रहे थे। वृक्ष झूम उठे थे। मौसम बदल रहा था। रमाशंकर धीरे-धीरे उस गीत में खो गया। उसका गुस्सा नदारद हो गया।*

दोपहर को पंडिताइन खाना लेकर आई। विशाखा ने दोपहर की घटना पंडिताइन को बताई, पंडिताइन ने रमाशंकर को उससे नहीं उलझने की चेतावनी

देते हुए कहा, "कर्णसिंह अच्छा लड़का नहीं है।" रमाशंकर गुस्से से लाल होते हुए बोला, "उसने फिर विशाखा को कुछ कहा तो मैं उसे जान से मार दूँगा।"

फिर पंडिताइन और विशाखा उसे प्यार से समझाने लगीं। पर माँ को एक बार के लिए किसी अज्ञात भय ने घेर लिया। भय विशाखा से। फिर यह सोचकर तसल्ली कर ली कि रमाशंकर तो बच्चा है। वह भी मंदबुद्धि।

*फिर पंडिताइन और विशाखा उसे प्यार से समझाने लगीं। पर माँ को एक बार के लिए किसी अज्ञात भय ने घेर लिया। भय विशाखा से। फिर यह सोचकर तसल्ली कर ली कि रमाशंकर तो बच्चा है। वह भी मंदबुद्धि।*

पंडिताइन जल्द ही वापस चली गई। लड़कियाँ काम पर लग गईं। फिर हवा में गीत लहराने लगा और फिजाओं में रंगत आने लगी।

शाम को काम खत्म कर जब सब खेत से लौट रहे थे, पूरे बचपन और यौवन काल में अकेले घूमनेवाली विशाखा आज रमाशंकर के साथ अपने आप को सुरक्षित महसूस कर रही थी।

□

पंडिताइन को रह-रहकर रमाशंकर का तमतमाया चेहरा याद आता था। उसने सारी बात पंडितजी को बताई और रमाशंकर को खेत न भेजने की बात कही। पंडितजी ने कहा, "बच्चे हैं। कुछ नहीं होगा, छोड़ो।" पर पंडिताइन का दिल नहीं माना। उसने दूसरे

दिन रमाशंकर को गुरुजी के पास जाने को कह दिया। रमाशंकर ने आना-कानी की तो डपट दिया। दूसरे दिन पंडिताइन खुद मजदूरों के पास खेत में चली गई काम कराने। जब काम समझाकर पंडिताइन आने लगी तो अनायास ही विशाखा ने उससे रमाशंकर के बारे में पूछ लिया। पंडिताइन तिक्त होते हुए बोली, "हाँ, नहीं आएगा, क्यों मन नहीं लगता उसके बिना। चुपचाप अपना काम करो।"

विशाखा झेंप गई, उसे पंडिताइन से ऐसे व्यवहार की उम्मीद न के बराबर थी। उसे सदमा लगा। ऐसे अपमान की आदत थी उसे। हर बार मन में सांत्वना का एक ही शब्द होता था—'हम छोटे लोग हैं न, इसलिए।'

*पंडिताइन को रह-रहकर रमाशंकर का तमतमाया चेहरा याद आता था। उसने सारी बात पंडितजी को बताई और रमाशंकर को खेत न भेजने की बात कही। पंडितजी ने कहा, "बच्चे हैं। कुछ नहीं होगा, छोड़ो।" पर पंडिताइन का दिल नहीं माना। उसने दूसरे दिन रमाशंकर को गुरुजी के पास जाने को कह दिया।*

□

रमाशंकर का स्कूल में मन नहीं लग रहा था। वह हमेशा की तरह बस्ता स्कूल में छोड़कर तालाब किनारे आ गया और चबूतरे पर बैठकर पत्थर फेंकने लगा। थोड़ी देर में मन उकता गया तो चबूतरे से उतरकर खेत की तरफ चल दिया। आदतन रास्ते में कभी पत्थरों

को ठोकर मारता तो कभी पाँव से धूल उछालता। खेत पहुँचकर जैसे ही उसने विशाखा को देखा, उसके मुख पर चमक आ गई। विशाखा का चेहरा भी खिल उठा, पर वह तुरंत गंभीर हो गई। "तुम लोग तो आज नहीं आनेवाली थी न, माँ ने बताया था। फिर कैसे आई?" रमाशंकर ने सवाल किया तो तीनों लड़कियों ने एक-दूसरे की तरफ आश्चर्य से देखा।

*फिर सीमा ने रमाशंकर से आज सुबह खेत नहीं आने का कारण पूछा तो रमाशंकर ने बताया कि वह स्कूल गया था। पर बीच में से ही आ गया। विशाखा ने कहा, "तुम्हें ऐसे स्कूल छोड़कर बीच में से नहीं आना चाहिए था। तुम वापस स्कूल चले जाओ।" पर रमाशंकर नहीं माना और सबके साथ ही घर जाने की बात कहने लगा।*

फिर सीमा ने रमाशंकर से आज सुबह खेत नहीं आने का कारण पूछा तो रमाशंकर ने बताया कि वह स्कूल गया था। पर बीच में से ही आ गया। विशाखा ने कहा, "तुम्हें ऐसे स्कूल छोड़कर बीच में से नहीं आना चाहिए था। तुम वापस स्कूल चले जाओ।" पर रमाशंकर नहीं माना और सबके साथ ही घर जाने की बात कहने लगा। उसने विशाखा को गीत गाने के लिए कहा, पर न जाने क्यों आज विशाखा का गीत गाने का मन ही नहीं हुआ। बार-बार कहने पर भी विशाखा ने नहीं गाया तो सीमा गाने लगी। पर रमाशंकर को इतना रुचिकर नहीं लगा और वह जाकर टीले पर बैठ गया।

शाम को काम खत्म कर सभी एक साथ खेत से रवाना हुए। थोड़ी दूर चले ही थे कि सामने कर्णसिंह आता दिखा। उसके साथ तीन-चार उसके शागिर्द भी थे। विशाखा भयभीत हो गई। रमाशंकर ने पत्थर उठा लिया। विशाखा ने रमाशंकर को पत्थर उठाने के लिए मना किया, पर वह नहीं माना।

*शाम को काम खत्म कर सभी एक साथ खेत से रवाना हुए। थोड़ी दूर चले ही थे कि सामने कर्णसिंह आता दिखा। उसके साथ तीन-चार उसके शागिर्द भी थे। विशाखा भयभीत हो गई। रमाशंकर ने पत्थर उठा लिया। विशाखा ने रमाशंकर को पत्थर उठाने के लिए मना किया, पर वह नहीं माना।*

कर्णसिंह ने पास आकर उनका रास्ता रोक दिया और रमाशंकर को ललकारते हुए बोला, "क्यों बे, उस दिन इस मोचीवाली छोरी के लिए मुझ पर पत्थर फेंका था न, आज कहाँ जाएगा। आज तुमको और इस चमारिन दोनों को सबक सिखाऊँगा।" रमाशंकर ने एक पत्थर उछालते हुए कहा, "आज तूने अगर विशाखा को कुछ कहा, तो मैं तेरा सिर फोड़ दूँगा।"

इतना सुनते ही कर्णसिंह ने विशाखा के लिए कुछ अपशब्द कहे और विशाखा की तरफ बढ़ने लगा। विशाखा भय से पीछे हट गई।

यह रमाशंकर को गुस्सा दिलाने के लिए काफी था। उसने

आव देखा न ताव, पत्थर उठाकर कर्णसिंह के सिर पर दे मारा। आज निशाना नहीं चूका। कर्णसिंह गश खाकर गिर पड़ा। ललाट से खून की धारा बह निकली। उसका दूसरा साथी रमाशंकर की तरफ बढ़ा तो एक पत्थर उसके ललाट को चूमते हुए दूर जा गिरा। उसे जैसे ही खून बहने का अहसास हुआ, भयवश वहाँ से भाग खड़ा हुआ।

बहुत दिनों का और बहुत लोगों का गुस्सा विशाखा के मन में भरा पड़ा था, आज निकल गया। उसने आव देखा न ताव, पैर से चमड़े की जूती निकाली और कर्णसिंह पर बरस पड़ी। कर्णसिंह जैसे-तैसे उठता-गिरता, वहाँ से अपनी जान बचाकर भागा। उसकी यह हालत देख बाकी साथी भी अपनी जान बचाकर भाग निकले।

*बहुत दिनों का और बहुत लोगों का गुस्सा विशाखा के मन में भरा पड़ा था, आज निकल गया। उसने आव देखा न ताव, पैर से चमड़े की जूती निकाली और कर्णसिंह पर बरस पड़ी। कर्णसिंह जैसे-तैसे उठता-गिरता, वहाँ से अपनी जान बचाकर भागा। उसकी यह हालत देख बाकी साथी भी अपनी जान बचाकर भाग निकले।*

कर्णसिंह दूर जाकर चिल्लाया, "पंडित के लौंडे, कमीने, मैं तुझे देख लूँगा।" कर्णसिंह को सिर की चोट से ज्यादा दर्द उसके अहं पर लगी चोट की वजह से था। रमाशंकर की वजह से एक मोची की लड़की ने उसे जूती से पीटा था।

विशाखा ने जो किया, उसके लिए उसके मन में भय तो था, पर उससे ज्यादा कहीं अनजान संतोष था। उसकी आँखों से आँसू निकल आए, जिसका कारण वह खुद नहीं जानती थी। सभी थोड़े सामान्य हुए और अपने गंतव्य की ओर बढ़ चले। अपने-अपने घर जाकर किसी ने भी इस घटना की चर्चा नहीं की।

□

रसोई से आ रही बरतनों की आवाज से पंडितजी की आँख खुली, भोर हो गई थी। पंडिताइन शायद अपने लिए चाय बना रही थी। कमरे से बाहर निकलकर देखा, आज सुबह आकाश में हलके बादल छाए हुए थे। पर मौसम उमस भरा था। हवा नहीं थी। शरीर चिपचिपा महसूस हो रहा था। मुँह धोने के लिए जब मुँह पर पानी डाला तो थोड़ी राहत महसूस हुई। पंडितजी ने दातुन मुँह में लिया और लोटा लेकर शौच से निवृत्त होने निकल पड़े। पंडिताइन ने स्टील के गिलास-कटोरी में चाय ली और पीने लगी। बीच-बीच में रमाशंकर को उठने के लिए आवाज देती रही।

*रसोई से आ रही बरतनों की आवाज से पंडितजी की आँख खुली, भोर हो गई थी। पंडिताइन शायद अपने लिए चाय बना रही थी। कमरे से बाहर निकलकर देखा, आज सुबह आकाश में हलके बादल छाए हुए थे। पर मौसम उमस भरा था। हवा नहीं थी। शरीर चिपचिपा महसूस हो रहा था।*

पंडितजी शौच ने निवृत्त होकर आए और मुख्य दरवाजे के पास लगे नल पर हाथ धोने लगे। साथ ही पंडिताइन को चाय के लिए कहा। पंडितजी हाथ धोकर खाट पर बैठे ही थे कि मुख्य दरवाजे के पास से किसी ने आवाज लगाई, "पाँय लागूँ पंडितजी।" पंडितजी ने देखा कि यह तो ठाकुर शक्तिसिंहजी हैं। पंडितजी उठ खड़े हुए और नमस्ते करते हुए ठाकुर साहब को आदरपूर्वक घर के भीतर लाए।

*पंडितजी शौच ने निवृत्त होकर आए और मुख्य दरवाजे के पास लगे नल पर हाथ धोने लगे। साथ ही पंडिताइन को चाय के लिए कहा। पंडितजी हाथ धोकर खाट पर बैठे ही थे कि मुख्य दरवाजे के पास से किसी ने आवाज लगाई, "पाँय लागूँ पंडितजी।"*

"ठाकुर साहब, मुझे आदेश कर देते, मैं हाजिर हो जाता।" पंडितजी ने उन्हें बैठाते हुए कहा।

"नहीं प्रणम्य, मैं आपको आदेश दूँ, ऐसी धृष्टता नहीं कर सकता। आप पूजनीय हैं।" ठाकुर साहब ने बैठते हुए जवाब दिया।

"बताएँ हुजूर, क्या आदेश है।" पंडितजी ने हाथ जोड़ते हुए कहा।

पंडितजी की बात सुनकर ठाकुर साहब ने एक लंबी गहरी साँस ली और कहा, "किस मुँह से कहूँ पंडितजी, कहते हुए जबान काँपती है।"

इसी बीच पंडिताइन दो गिलास में चाय ले आई।

पंडितजी ने आश्चर्य से भृकुटियाँ तानते हुए पूछा, "ऐसा क्या हुआ, अन्नदाता?"

फिर ठाकुर साहब ने जो बताया, वह पंडितजी के चेहरे के भावों को पल-प्रतिपल बदलता रहा। पंडितजी गुस्से और शर्म से लाल हुए जा रहे थे। उन्होंने जोर से आवाज दी, "रमाशंकर!"

रमाशंकर हड़बड़ाकर उठ बैठा।

पंडितजी ने फिर गुस्से से पुकारा, "रमाशंकर, इधर आओ।"

रमाशंकर आँखें मलते-मलते पंडितजी के पास गया।

"कल कहाँ थे?" पंडितजी का लहजा भरपूर गुस्से में था।

"गुरुजी के पास।" रमाशंकर ने अर्धसत्य कहा। इसी के साथ पंडितजी का एक जोरदार थप्पड़ उसके गाल पर पड़ा और वह फर्श पर गिर गया। एक बार तो उसे धरती घूमती हुई नजर आई।

*फिर ठाकुर साहब ने जो बताया, वह पंडितजी के चेहरे के भावों को पल-प्रतिपल बदलता रहा। पंडितजी गुस्से और शर्म से लाल हुए जा रहे थे। उन्होंने जोर से आवाज दी, "रमाशंकर!" रमाशंकर हड़बड़ाकर उठ बैठा। पंडितजी ने फिर गुस्से से पुकारा, "रमाशंकर, इधर आओ।"*

"दुष्ट, झूठ बोलता है। तू तो कल खेत पर था।"

इसी के साथ पंडिताइन दौड़कर आई और रमाशंकर को सँभालते हुए शिकायत भरे लहजे में बोली, "ऐसे क्या करते हो जी, ऐसे भी कोई मारता है। भला ऐसा क्या कर दिया इसने?"

पंडितजी ने अफसोस भरे लहजे में कहा, "तुम ठीक कहती थी, यह उस छिनाल मोची की छोकरी के प्रेम में पड़ा है। कल ठाकुर साहब के कुँवर कर्णसिंह ने इन्हें रँगे हाथ पकड़ा तो इसने पत्थर से उसका सिर फोड़ दिया और उस छिनाल की हिम्मत देखो, उसने ठाकुर साहब के कुंवर पर जूती उठाई।"

***पंडितजी ने अफसोस भरे लहजे में कहा, "तुम ठीक कहती थी, यह उस छिनाल मोची की छोकरी के प्रेम में पड़ा है। कल ठाकुर साहब के कुँवर कर्णसिंह ने इन्हें रँगे हाथ पकड़ा तो इसने पत्थर से उसका सिर फोड़ दिया और उस छिनाल की हिम्मत देखो, उसने ठाकुर साहब के कुँवर पर जूती उठाई।"***

"क्या!!!!" पंडिताइन ने ओढ़नी के पल्लू को होंठों पर रखते हुए भरपूर आश्चर्य से कहा।

"मेरा शक सही था।" पंडिताइन ने ठंडी साँस लेते हुए कहा, "परंतु इसमें रमा का दोष नहीं है। ये तो गाय है। इसको दुनियादारी कहाँ पता। ये तो वो छिनाल ही है सारी खुराफात की जड़।"

"ओह!! तो आपको पहले से पता था। इसका कोई इलाज

करना होगा। नहीं तो यह लड़की पूरे गाँव में गंदगी फैला देगी।" इसी बीच ठाकुर साहब बोल उठे।

"मैं तो कहता हूँ कि पंचायत बुलाइए और इस परिवार को गाँव से बाहर निकाल फेंकिए।" पंडितजी गुस्से से काँपते हुए बोले।

"जी आदरणीय, सही कहा, वह मंगू मोची की छोरी है न, मैं अभी उसे बुला भेजता हूँ। सबसे बात कर मैं परसों ही पंचायत बैठाता हूँ।" ठाकुर साहब पंडितजी की तरफ देखते हुए बोले।

*"मैं तो कहता हूँ कि पंचायत बुलाइए और इस परिवार को गाँव से बाहर निकाल फेंकिए।" पंडितजी गुस्से से काँपते हुए बोले।*

*"जी आदरणीय, सही कहा, वह मंगू मोची की छोरी है न, मैं अभी उसे बुला भेजता हूँ। सबसे बात कर मैं परसों ही पंचायत बैठाता हूँ।" ठाकुर साहब पंडितजी की तरफ देखते हुए बोले।*

ठाकुर साहब पंडितजी से विदा लेकर अपने घर आए और मंगू मोची को बुला भेजा।

□

मंगू बाजार जाने के लिए अपनी जूते मरम्मतवाली पिटारी सँभाल रहा था। तभी ठाकुर साहब का आदमी हाजिर हुआ और ठाकुर साहब के पास जाने का फरमान सुनाया। मंगू दंग था। सोच रहा था कि ठाकुर साहब को मुझसे क्या काम पड़ गया! पर जैसे ही

विशाखा को इसका पता चला, एक अनजान भय से उसका दिल धड़क उठा। वह तुरंत मंगू के पास गई और बोली, “बाबा, मुझे आपसे बात करनी है।” वह मंगू को कमरे में ले गई और डरते-डरते बीते कल की सारी घटना कह सुनाई। मंगू मन-ही-मन डर गया था विशाखा की बात सुनकर, पर एक बाप अपने डर को छिपा गया। “तुम्हें उस पर हाथ नहीं उठाना चाहिए था बेटी, वे बड़े लोग हैं। खैर, मैं जाता हूँ। तुम चिंता मत करो, मैं सँभाल लूँगा।” मंगू ने विशाखा को समझाते हुए सांत्वना दी। विशाखा ने फैसला किया कि आज खेत पर काम करने नहीं जाएँगे। रेवती और सीमा को भी खबर भेज दी।

*इधर मंगू चिंता में डूबा हुआ ठाकुर साहब के द्वार पर पहुँचा। वहाँ पंडितजी पहले से मौजूद थे। वह हाथ जोड़ते हुए जमीन पर बैठ गया और फटी हुई अपनी सफेद पगड़ी सिर से उतारकर हाथ में पकड़ ली। बोला, “हुक्म अन्नदाता!”*

इधर मंगू चिंता में डूबा हुआ ठाकुर साहब के द्वार पर पहुँचा। वहाँ पंडितजी पहले से मौजूद थे। वह हाथ जोड़ते हुए जमीन पर बैठ गया और फटी हुई अपनी सफेद पगड़ी सिर से उतारकर हाथ में पकड़ ली। बोला, “हुक्म अन्नदाता!”

ठाकुर साहब ने रौब और गुस्से से मंगू को फटकार लगाई, “तुम्हें पता है, तुम्हारी छोरी इस गाँव में क्या-क्या गुल खिला रही है?”

मंगू चुपचाप गरदन नीचे किए बैठा रहा।

ठाकुर साहब फिर बोले, "कल उस कलमुँही को जब कर्ण ने इस बात के लिए फटकारा तो उसके उसका सिर फोड़ दिया, कितना खून बहा है, जानते हो?"

"जी माईबाप, पर कुँवर साहब के सिर में तो···" मंगू ने हाथ जोड़ते हुए कहना शुरू ही किया था, पर पंडितजी ने बीच में ही उसे धमकाकर चुप करा दिया, "चुप रह बेशर्म, जबान चलाता है! तुम लोग तो इस गाँव में रहने लायक ही नहीं हो। निकाल बाहर फेंकना चाहिए तुम लोगों को।" और जाने कितनी बातें मंगू को सुनाई गईं, वह जानता था कि उसे बोलने नहीं दिया जाएगा। वह डबडबाई आँखें लिये खून के घूँट पीता रहा और दुनिया भर की जलालत सहता रहा।

*"जी माईबाप, पर कुँवर साहब के सिर में तो··" मंगू ने हाथ जोड़ते हुए कहना शुरू ही किया था, पर पंडितजी ने बीच में ही उसे धमकाकर चुप करा दिया, "चुप रह बेशर्म, जबान चलाता है! तुम लोग तो इस गाँव में रहने लायक ही नहीं हो। निकाल बाहर फेंकना चाहिए तुम लोगों को।"*

पंडितजी ने गुस्से में कहना जारी रखा, "तुम्हारा फैसला तो जल्दी ही होगा। मैं गाँव के पंचों से बात करता हूँ। तुम अपना काला मुँह लेकर निकलो यहाँ से, जल्द ही तुम्हें खबर दे दी जाएगी।"

मंगू ने फिर कुछ कहना चाहा, पर पंडितजी ने उसे डपटकर वहाँ से भगा दिया।

दुःख, अपमान और अनगिनत गालियों की गठरी लिये जब मंगू अपने घर वापस पहुँचा तो आँखों में आँसू थे। उसे दुःख इस बात का नहीं था कि उसे गालियाँ दीं। पर एक बाप के लिए बेटी की बदनामी मृत्यु से कम नहीं होती। घर में प्रवेश करते हुए उसने आँसू पोंछे और खुद को संयत किया।

*दुःख, अपमान और अनगिनत गालियों की गठरी लिये जब मंगू अपने घर वापस पहुँचा तो आँखों में आँसू थे। उसे दुःख इस बात का नहीं था कि उसे गालियाँ दीं। पर एक बाप के लिए बेटी की बदनामी मृत्यु से कम नहीं होती। घर में प्रवेश करते हुए उसने आँसू पोंछे और खुद को संयत किया।*

पुरुष परिवार की छतरी जैसा होता है। वह परिवार के लिए भगवान् शिव जैसा होता है, जो सारे विष खुद गटक लेना चाहता है। घर के लोगों ने जब पूछा कि क्या हुआ तो उसने कोई जवाब नहीं दिया और चुप्पी साध ली। पर विशाखा की आँखें उस दर्द को पढ़ गईं, जो उसके प्यारे बाबा की आँखों में उमड़ रहा था। वह अकेले में उससे मिली और पूछा, "बाबा, क्या हुआ ?" मंगू कुछ नहीं बोला, उसने बेटी के सिर पर काँपता हुआ हाथ रखा। उसकी आँखों में आँसू छलक आए।

मंगू दो दिन से बाजार में जूते मरम्मत करने के लिए नहीं बैठ रहा था, जो दो पैसे जमा किए थे, उसी से खर्च चला रहा था। गरीब के पास थोड़ी-बहुत इज्जत ही तो होती है। अगर वह चली जाए तो उसके पास मुँह छुपाने के अलावा कोई चारा नहीं रहता। विशाखा को बहुत चालाकी से बदनाम किया जा रहा था। उसमें रमाशंकर का कहीं नाम नहीं था। सारी बातें विशाखा के पास भी पहुँचीं, वह रोती रही और मंगू को बार-बार विश्वास दिलाने की कोशिश करती, "बाबा, यह सब झूठ है, मुझ पर भरोसा कीजिए।"

*मंगू दो दिन से बाजार में जूते मरम्मत करने के लिए नहीं बैठ रहा था, जो दो पैसे जमा किए थे, उसी से खर्च चला रहा था। गरीब के पास थोड़ी-बहुत इज्जत ही तो होती है। अगर वह चली जाए तो उसके पास मुँह छुपाने के अलावा कोई चारा नहीं रहता। विशाखा को बहुत चालाकी से बदनाम किया जा रहा था।*

मंगू चुपचाप शून्य में देखता रहता, उसकी आँखों में आँसू छलक आते। माँ तो फिर भी अपनी पीड़ा उजागर कर देती, पर एक बाप असहनीय पीड़ा पर भी चुप रहने की कोशिश करता। घुटता रहता।

□

पंडितजी और ठाकुर साहब ने बहुत सोच-विचारकर यह फैसला लिया कि इस मुद्दे पर पहले बाकी पंचों से राय ली जाए, फिर पंचायत बुलाई जाए। पाँच पंचों में दो पंच तो ठाकुर साहब और

पंडितजी खुद ही थे। बाकी तीन में चौधरी साहब, अग्रवालजी और माहेश्वरीजी थे। पर सबसे ज्यादा चलती चौधरी साहब की थी। हर फैसले में उनकी सहमति का होना अनिवार्य था। क्योंकि वे उम्र में सबसे बड़े थे। लाठी के सहारे चलते थे। गांधी चश्मा पहनते थे। अत: सबसे रायशुमारी की गई और सबसे प्रार्थना यह की कि किसी भी सूरत में रमाशंकर की कोई बदनामी नहीं होनी चाहिए। और किसी भी तरह से इस परिवार को गाँव के बाहर निकालना जरूरी है। पर चौधरी साहब ने सवाल उठाया कि वह गरीब है और कहाँ जाएगा?

अंत में, यह तय हुआ कि पंडितजी गाँव के बाहरवाली थोड़ी सी जमीन उसे दे देंगे। इस घर को बेचकर मंगू वहाँ अपना घर बना लेगा, पर उसे या उसके परिवार को गाँव में आने की इजाजत नहीं होगी। चौधरी साहब ने इस पर अपनी सहमति जता दी। साथ ही यह तय हुआ कि क्योंकि यह पंचायत ऊँची जातिवालों की है तो मंगू को इसमें नहीं बुलाया जाएगा, उसे फैसला सुना दिया

*यह तय हुआ कि पंडितजी गाँव के बाहरवाली थोड़ी सी जमीन उसे दे देंगे। इस घर को बेचकर मंगू वहाँ अपना घर बना लेगा, पर उसे या उसके परिवार को गाँव में आने की इजाजत नहीं होगी। चौधरी साहब ने इस पर अपनी सहमति जता दी। साथ ही यह तय हुआ कि क्योंकि यह पंचायत ऊँची जातिवालों की है तो मंगू को इसमें नहीं बुलाया जाएगा, उसे फैसला सुना दिया जाएगा।*

जाएगा। न ही रमाशंकर को, उस अल्पबुद्धि का पंचायत में कोई काम नहीं है।

फैसले हो चुके थे, बस पंचायत बैठकर औपचारिकता करनी बाकी थी। किंतु कर्णसिंह अपमान की आग में जल रहा था, अतः उसने ठाकुर साहब के आगे जिद कर दी कि विशाखा और उसके बाप को भी बुलाइए, उन्हें बोलने का मौका नहीं देंगे, पर पंचायत का फैसला उन्हें सुनते हुए मैं अपनी आँखों से देखना चाहता हूँ। उसने साथ ही ठाकुर साहब को यह धमकी भी दी कि ऐसा नहीं हुआ तो वह विशाखा के घर में खून की नदी बहा देगा। अंत में ठाकुर साहब को उसकी बात माननी पड़ी। पर शर्त यह थी कि कर्णसिंह किसी भी कीमत पर रमाशंकर का नाम पंचायत के बीच में नहीं लाएगा। कर्णसिंह मान गया।

*फैसले हो चुके थे, बस पंचायत बैठकर औपचारिकता करनी बाकी थी। किंतु कर्णसिंह अपमान की आग में जल रहा था, अतः उसने ठाकुर साहब के आगे जिद कर दी कि विशाखा और उसके बाप को भी बुलाइए, उन्हें बोलने का मौका नहीं देंगे, पर पंचायत का फैसला उन्हें सुनते हुए मैं अपनी आँखों से देखना चाहता हूँ।*

दो दिन बाद पंचायत बैठने की तारीख मुकर्रर हुई, जिसकी खबर मंगू को भेज दी गई। विशाखा की माँ ने पूछा भी कि ऊँची जाति के लोगों की पंचायत में हमारा क्या काम? पर दीया तले अँधेरा था, जो

बात पूरे गाँव में फैली हुई थी, उसका जिक्र कोई भी विशाखा की माँ के सामने नहीं करता था।

□

आज गुरुजी ने बच्चों को जल्दी छुट्टी दे दी। पंचायत जो बैठनी थी।

*आसमान में बादल छाए हुए थे, मद्धम-मद्धम हवा चल रही थी। मौसम का मिजाज ठंडा था। चौपाल में पेड़ के नीचे दो खाटनुमा तख्ते लगाए गए। उन पर गद्दा बिछा था और बड़े-बड़े मसनद लगे थे। सामने बड़ी-बड़ी दरियाँ बिछाई गईं, लगभग पचास-साठ आदमी बैठने के लिए।*

आज गुरुजी को भी सम्मानपूर्वक पंचों के साथ बैठना होगा। उनकी भी सलाह ली जानी है।

आसमान में बादल छाए हुए थे, मद्धम-मद्धम हवा चल रही थी। मौसम का मिजाज ठंडा था। चौपाल में पेड़ के नीचे दो खाटनुमा तख्ते लगाए गए। उन पर गद्दा बिछा था और बड़े-बड़े मसनद लगे थे। सामने बड़ी-बड़ी दरियाँ बिछाई गईं, लगभग पचास-साठ आदमी बैठने के लिए। शाम पाँच बजे पंचायत बुलाई गई, मंगू को भी खबर दे दी, विशाखा के साथ हाजिर होने के लिए। ठाकुर साहब को पंचों के साथ बैठने के लिए मना किया गया था, क्योंकि उनका बेटा भी इस मामले का एक प्रतिभागी था। बाकी चारों पंचों के साथ स्कूल के गुरुजी

को बैठने के लिए कहा गया। इस पूरे प्रकरण में बड़ी चालाकी से रमाशंकर को हटा दिया गया, ताकि पंडितजी के घर की बदनामी न हो। पंचायत खत्म होने के बाद सभी के लिए हलके खाने-पीने की व्यवस्था भी की गई।

शाम के साढ़े चार बज चुके थे। लोग उस जगह इकट्ठे होने शुरू हो गए थे। कर्णसिंह अपने दोस्तों के साथ आया था, उसके हाथ में एक लाठी थी। जब लोगों ने लाठी साथ लाने का कारण पूछा तो बताया कि बैलगाड़ी पर पड़ी थी। जल्दबाजी में साथ आ गई।

पाँच बजते-बजते पंचों ने भी अपना स्थान ग्रहण कर लिया। मंगू और विशाखा को सभी के बैठने के स्थान से थोड़ा दूर बैठाया गया। जहाँ से वे पंचायत की काररवाई सुन सकते थे। उनके आँखों में भय और शर्म के अलावा अनायास ही आँसू छलक आते थे। यह वह पीड़ा थी, जो सैकड़ों बरसों से मानव हृदय में जातिवादी नासूर बन चुकी थी। उन्हें चुप रहने की और बीच में न बोलने की सख्त हिदायत दी गई थी। बच्चों को पंचायत में शरीक

*पाँच बजते-बजते पंचों ने भी अपना स्थान ग्रहण कर लिया। मंगू और विशाखा को सभी के बैठने के स्थान से थोड़ा दूर बैठाया गया। जहाँ से वे पंचायत की काररवाई सुन सकते थे। उनके आँखों में भय और शर्म के अलावा अनायास ही आँसू छलक आते थे। यह वह पीड़ा थी, जो सैकड़ों बरसों से मानव हृदय में जातिवादी नासूर बन चुकी थी।*

होने की इजाजत नहीं थी, पर गाँव के चौपाल में होने की वजह से कुतूहलवश बच्चे इकट्ठे हो गए। उन्हें कुछ दूर चुपचाप बैठे रहने की हिदायत दी गई। रमाशंकर को पंडितजी घर से बाहर न निकलने की सख्त हिदायत देकर और पंडिताइन की निगरानी में छोड़कर आए।

*विशाखा की आँखें रमाशंकर को ढूँढ़ रही थीं, पर वह कहीं नजर नहीं आया। गाँव की औरतें चौपाल के आसपास की छतों पर चढ़कर पंचायत की काररवाई देख रही थीं। पंडिताइन से भी रहा नहीं गया, वह चौपाल के पास के घर की छत पर रमाशंकर को लेकर पहुँच गई।*

चौधरी साहब ने पंचायत की काररवाई शुरू करने की बात कही, तो ठाकुर साहब, जो गाँव के अन्य लोगों के साथ बैठे थे, खड़े हुए और पंच परमेश्वर को नमन करते हुए अपनी बात कहने की इजाजत माँगी।

विशाखा की आँखें रमाशंकर को ढूँढ़ रही थीं, पर वह कहीं नजर नहीं आया। गाँव की औरतें चौपाल के आसपास की छतों पर चढ़कर पंचायत की काररवाई देख रही थीं। पंडिताइन से भी रहा नहीं गया, वह चौपाल के पास के घर की छत पर रमाशंकर को लेकर पहुँच गई। पर जब रमाशंकर ने अपने साथ के बच्चों को चौपाल के पास बैठे देखा तो उसका मन छटपटा उठा। पंडिताइन पंचायत की तरफ देखती रह गई और रमाशंकर पीछे से बिना उसे बताए उन बच्चों के बीच पहुँच गया। और इस बात का ध्यान रखा

कि कहीं पंडितजी और पंडिताइन की नजर उस पर न पड़े।

चौधरी साहब से इजाजत मिलने के बाद ठाकुर साहब ने अपनी बात को आगे बढ़ाया, "मैं पंच परमेश्वर को नमन करता हूँ और यह बताना चाहता हूँ कि हमारे गाँव के मंगू मोची की छोरी, जिसका नाम विशाखा है, वह अच्छे चरित्र की नहीं है और गाँव के ही लड़कों पर बुरी नजर डालती है। इतना ही नहीं, वह उनसे संबंध बनाने की कोशिश करती है।" चौधरी साहब बोलते जा रहे थे।

*मैं पंच परमेश्वर को नमन करता हूँ और यह बताना चाहता हूँ कि हमारे गाँव के मंगू मोची की छोरी, जिसका नाम विशाखा है, वह अच्छे चरित्र की नहीं है और गाँव के ही लड़कों पर बुरी नजर डालती है। इतना ही नहीं, वह उनसे संबंध बनाने की कोशिश करती है।*

रमाशंकर के एक साथी ने उससे पूछा, "ये चरित्र क्या होता है?" रमाशंकर ने होंठ बिचकाते हुए न में गरदन हिला दी।

पर उसका दूसरा साथी गजब का ज्ञान दिखाते हुए बोला, "इतना भी नहीं पता, एक चिड़िया होती है, जो खेतों में रहती है और ये छोटी जातवाले उसे मारकर खाते हैं।" रमाशंकर ने तुरंत कहा, "नहीं, मैंने तो विशाखा को कोई चिड़िया पकड़ते नहीं देखा, वह तो गाना गाती है।" तभी उसका दूसरा साथी बोल उठा, "अरे यार, ये तो चरित्र जादू को कहते हैं, जो ये मोची लोग करते हैं।"

रमाशंकर ने सभी को चुप कराया और चुपचाप पंचायत की बात सुनने के लिए कहा।

ठाकुर साहब की पूरी बात सुनने के बाद चौधरी साहब बोले, "आपके पास कोई सबूत है, जो यह साबित करे कि विशाखा चरित्रहीन है।"

विशाखा की मनःस्थिति शब्दों में बयाँ नहीं की जा सकती। वह अविरल आँसू बहा रही थी। वह मन-ही-मन ईश्वर को कोस रही थी। वह उन गलतियों की सजा पा रही थी, जिनको करने के बारे में उसने कभी सोचा तक नहीं था।

*चौधरी साहब के सबूत माँगने पर ठाकुर साहब ने अपने लड़के कर्ण को आगे कर दिया और उसके सिर पर बँधी पट्टी दिखाते हुए कहा कि देखिए, किस तरह से विशाखा ने मेरे बेटे का लाठी मारकर सिर फोड़ दिया।" ठाकुर साहब ने कर्णसिंह को इशारा करते हुए कहा, "बेटा, आगे की बात तुम बताओ कि क्या हुआ था?"*

चौधरी साहब के सबूत माँगने पर ठाकुर साहब ने अपने लड़के कर्ण को आगे कर दिया और उसके सिर पर बँधी पट्टी दिखाते हुए कहा कि देखिए, किस तरह से विशाखा ने मेरे बेटे का लाठी मारकर सिर फोड़ दिया।" ठाकुर साहब ने कर्णसिंह को इशारा करते हुए कहा, "बेटा, आगे की बात तुम बताओ कि क्या हुआ था?"

रमाशंकर ने जब यह सुना तो बुदबुदाया, "इसका सिर तो मैंने फोड़ा था, पत्थर मारकर!" इसी के साथ रमाशंकर के सभी साथियों ने एक साथ भरपूर आश्चर्य से रमाशंकर की तरफ देखा और साथ ही रमाशंकर ने उन सबकी तरफ।

अचानक रमाशंकर की नजर दूर बैठी विशाखा पर पड़ी, जो लगातार रो रही थी। रमाशंकर दु:खी हो गया, उसका मन खिन्न हो गया। उसे विशाखा पर दया आई। सोचने लगा कि इस दुष्ट का सिर तो मैंने फोड़ा था, सब इस बेचारी को दोष दे रहे हैं।

*मैं पंच परमेश्वर को प्रणाम करता हूँ। मैं कल जब अपने दोस्तों के साथ खेतों की तरफ जा रहा था तो रास्ते में ये मोची की लड़की मिली और हमें देखते ही उसने गंदे इशारे करने शुरू कर दिए। हमने अनदेखा किया तो करीब आ गई और गंदी बातें करने लगी। जब हमने विरोध किया तो हमें गालियाँ देने लगी।*

चौधरी साहब ने कर्णसिंह को आगे की घटना बताने के लिए कहा। कर्णसिंह ने बोलना शुरू किया, "मैं पंच परमेश्वर को प्रणाम करता हूँ। मैं कल जब अपने दोस्तों के साथ खेतों की तरफ जा रहा था तो रास्ते में ये मोची की लड़की मिली और हमें देखते ही उसने गंदे इशारे करने शुरू कर दिए। हमने अनदेखा किया तो करीब आ गई और गंदी बातें करने लगी। जब हमने विरोध किया तो हमें गालियाँ देने लगी।" कर्णसिंह बोलता जा रहा था। उसका एक-एक शब्द

विशाखा के कान में गरम सीसे-सा उतर रहा था। रमाशंकर इस झूठ पर आश्चर्यचकित था। वह सोच रहा था कि उसके पिताजी ने तो एक बार बताया था कि पंचायत भगवान् का स्थान होती है और पंच भगवान् होते हैं। लेकिन यहाँ तो सब झूठ है।

***कर्णसिंह ने आगे कहा, "जब इसकी गालियों पर हमने इसे डाँटा तो ऊँची जातिवालों को गाली देते हुए पागलों के जैसे हम पर लाठी लेकर टूट पड़ी, मेरा और मेरे दोस्त का सिर फोड़ दिया। अगर ये कुलटा इस गाँव में रही तो बहुत गंदगी फैलाएगी।" कर्णसिंह ने झूठ की सारी सीमाएँ तोड़ दीं। मंगू मोची फफक-फफककर रो पड़ा।***

कर्णसिंह ने आगे कहा, "जब इसकी गालियों पर हमने इसे डाँटा तो ऊँची जातिवालों को गाली देते हुए पागलों के जैसे हम पर लाठी लेकर टूट पड़ी, मेरा और मेरे दोस्त का सिर फोड़ दिया। अगर ये कुलटा इस गाँव में रही तो बहुत गंदगी फैलाएगी।" कर्णसिंह ने झूठ की सारी सीमाएँ तोड़ दीं। मंगू मोची फफक-फफककर रो पड़ा। विशाखा का धैर्य जवाब दे गया। वह रोते-रोते चिल्ला पड़ी, "ये झूठ है, ये झूठ है, ये झूठ है।" वह मंगू के लिपटकर फूट-फूटकर रो पड़ी, "बाबा, ये झूठ है, बाबा, ये झूठ है।" बाप-बेटी दोनों एक-दूसरे से लिपटकर रो रहे थे। तभी पंडितजी चिल्ला पड़े, "इस कुलटा को चुप कराओ, इसे किसने बोलने की इजाजत दी!!" तभी दो युवक

उनको चुपचाप बैठने के लिए धमकाने लगे।

रमाशंकर दोस्तों के बीच से निकल आगे आ गया। उसकी साँसों ने गति पकड़ ली। वह गुस्से और भावुकतावश काँपने लगा। उसकी आँखों में आँसू और गुस्सा एक साथ फूट पड़े। उसके अंदर पंडित और पंडिताइन का डर जैसे खत्म हो गया। वह चिल्लाते हुए पंचायत की तरफ बढ़ने लगा, "झूठ बोल रहा है ये कर्णसिंह, ये कमीना झूठ बोल रहा है।" चारों पंचों ने रमाशंकर की ओर देखा, पंडितजी उसे देखकर चकित हो गए। पंडिताइन उसे देखकर घबरा गई, वह अपने चारों तरफ देखने लगी। उसे विश्वास ही नहीं हुआ कि कबूतर छत से उड़कर मैदान में पहुँच गया। पूरी पंचायत रमाशंकर को देख रही थी।

*रमाशंकर दोस्तों के बीच से निकल आगे आ गया। उसकी साँसों ने गति पकड़ ली। वह गुस्से और भावुकतावश काँपने लगा। उसकी आँखों में आँसू और गुस्सा एक साथ फूट पड़े। उसके अंदर पंडित और पंडिताइन का डर जैसे खत्म हो गया। वह चिल्लाते हुए पंचायत की तरफ बढ़ने लगा, "झूठ बोल रहा है ये कर्णसिंह, ये कमीना झूठ बोल रहा है।"*

वह गुस्से और दुःख से काँप रहा था। उसने कहना जारी रखा। वह दाँत पीसते हुए बोला, "इसका सिर मैंने फोड़ा था पत्थर मारकर, इसने विशाखा को गंदी बात बोली थी। विशाखा ने इसे जूतियों से

पीटा था। और पीटना चाहिए था, और पीटना चाहिए था…" कहकर रमाशंकर रो पड़ा।

जिस बात को छुपाने की भरसक कोशिश की गई, वही बात पूरे गाँव के सामने निकलकर आ गई। पंचायत में हलचल मच गई। एक चमार की लड़की ने ठाकुर के लड़के को जूतियों से मारा। आज की पीड़ा सारी पीड़ाओं से कहीं ज्यादा थी। यह कर्णसिंह व ठाकुर साहब के लिए मरने जैसा था। रमाशंकर का एक-एक शब्द कर्णसिंह के हृदय को भेद रहा था। कर्णसिंह शर्म और गुस्से से काँप रहा था। उसकी आँखों से अंगारे बरस रहे थे। उसने जलती हुई आँखों से विशाखा की ओर देखा और अपनी लाठी सँभालकर चीखते हुए उसकी तरफ दौड़ पड़ा, "इस राँड ने मुझ पर जूती उठाई, इस छिनाल ने मुझे कहीं का नहीं छोड़ा।"

*जिस बात को छुपाने की भरसक कोशिश की गई, वही बात पूरे गाँव के सामने निकलकर आ गई। पंचायत में हलचल मच गई। एक चमार की लड़की ने ठाकुर के लड़के को जूतियों से मारा। आज की पीड़ा सारी पीड़ाओं से कहीं ज्यादा थी। यह कर्णसिंह व ठाकुर साहब के लिए मरने जैसा था। रमाशंकर का एक-एक शब्द कर्णसिंह के हृदय को भेद रहा था।*

ठाकुर साहब ने कर्णसिंह को पकड़ने की कोशिश की, पर वह हाथ नहीं आया। वह लाठी लेकर उनकी तरफ बढ़ा।

विशाखा डर से मंगू के लिपट गई। कमजोर और बूढ़ा मंगू बेटी के सामने ढाल बनकर बैठ गया, लाठी के वार से विशाखा और खुद को बचाने के लिए दोनों कमजोर हाथों से अपने सिर को ढक लिया। उसकी भय से आँखें बंद हो गईं। ठाकुर साहब उनके पास पहुँच पाते, उससे पहले ही कर्णसिंह ने पूरी ताकत के साथ उन पर लाठी से वार किया।

किंतु···लाठी उनके सिर या शरीर पर लगती, उससे पहले रमाशंकर उनके बीच आ गया। एक भरपूर वार रमाशंकर के सिर पर पड़ा और वह निढाल होकर वहीं गिर पड़ा। पल भर में चेहरा खून से लथपथ हो गया। मंगू और विशाखा ने आँख खोली तो सामने रमाशंकर को खून में लथपथ पड़े देखा। तब तक ठाकुर साहब करीब आ गए। वे गुस्से से कर्णसिंह पर बिफर पड़े, "अरे दुष्ट, ये क्या अनर्थ कर डाला!" कर्णसिंह यह देख घबरा गया, उसके पाँव उखड़ गए। वह वहाँ से भाग निकला। पंचायत में अफरा-तफरी मच गई। पंडितजी बैठने के स्थान से

*विशाखा डर से मंगू के लिपट गई। कमजोर और बूढ़ा मंगू बेटी के सामने ढाल बनकर बैठ गया, लाठी के वार से विशाखा और खुद को बचाने के लिए दोनों कमजोर हाथों से अपने सिर को ढक लिया। उसकी भय से आँखें बंद हो गईं। ठाकुर साहब उनके पास पहुँच पाते, उससे पहले ही कर्णसिंह ने पूरी ताकत के साथ उन पर लाठी से वार किया।*

लगभग कूदकर नीचे आए। विशाखा ने रोते-रोते रमाशंकर के सिर को अपनी गोद में रखा और 'रमा-रमा' कहकर रो पड़ी। पंडितजी ने पास आकर विशाखा को थप्पड़ मारते हुए गाली दी, "छिनाल, तेरी हिम्मत कैसे हुई इसे छूने की!" और उसे दूर धकेल दिया। अफरा-तफरी में कोई पानी लाने के लिए चिल्ला रहा था तो कोई हल्दी मिला गरम दूध तो कोई कपड़ा जला रहा था घाव पर लगाकर खून बंद करने के लिए।

मंगू बुरी तरह घबरा गया, उसने विशाखा को पकड़ा और सबकी नजर बचाकर अपने घर की तरफ जल्दी-जल्दी रवाना हो गया। पंडिताइन भी नीचे आ गई और रमाशंकर के सिर को अपनी गोद में रख विलाप करने लगी। स्कूल मास्टरजी ने किसी को तुरंत बैलगाड़ी लाने के लिए कहा, ताकि रमाशंकर को अस्पताल ले जाया जा सके। बैलगाड़ी आई तो उसमें गद्दा बिछाया गया। फिर रमाशंकर को उसमें लेटाकर पंडितजी, ठाकुर साहब व गाँव के कुछ नौजवानों के साथ अस्पताल की तरफ रवाना हो गए।

*मंगू बुरी तरह घबरा गया, उसने विशाखा को पकड़ा और सबकी नजर बचाकर अपने घर की तरफ जल्दी-जल्दी रवाना हो गया। पंडिताइन भी नीचे आ गई और रमाशंकर के सिर को अपनी गोद में रख विलाप करने लगी। स्कूल मास्टरजी ने किसी को तुरंत बैलगाड़ी लाने के लिए कहा, ताकि रमाशंकर को अस्पताल ले जाया जा सके।*

इधर मंगू घबराया हुआ विशाखा को लेकर अपने घर पहुँचा। भय से उसका बदन काँप रहा था तो विशाखा अपने कपड़ों पर लगे रमा के खून के दागों को सहलाती और रो पड़ती। मंगू ने जब बात विशाखा की माँ को बताई तो वह डर से काँप उठी और अनजान भय से रोने लगी।

शिकारी पक्षियों को पकड़ने के लिए बहुत सारे जाल बिछाते हैं, फिर पकड़कर उन्हें पिंजरे में बंद कर देते हैं। मोह, माया, क्रोध, असत्य इस तरह के बहुत सारे शिकारी हैं, जो हमारी आत्मा को आजाद नहीं होने देते, उसे इस संसार में बाँधकर रखते हैं। शरीररूपी पिंजड़े में बंद यह आत्मारूपी पक्षी इन शिकारियों के कारण आजाद नहीं हो पाता। आजाद होने के लिए कहते हैं, सत्य पर चलना होता है और इस क्रूर संसार में सत्य पर चलना भी आग पर चलने जैसा है। जिसने सत्य को अपना लिया, वह इस संसार से और शरीररूपी पिंजरे से मुक्त हो जाता है। ऐसा कहीं धर्मशास्त्रों में लिखा है, यह मैंने सुना है। मैं अपने किसी

*शिकारी पक्षियों को पकड़ने के लिए बहुत सारे जाल बिछाते हैं, फिर पकड़कर उन्हें पिंजरे में बंद कर देते हैं। मोह, माया, क्रोध, असत्य इस तरह के बहुत सारे शिकारी हैं, जो हमारी आत्मा को आजाद नहीं होने देते, उसे इस संसार में बाँधकर रखते हैं। शरीररूपी पिंजड़े में बंद यह आत्मारूपी पक्षी इन शिकारियों के कारण आजाद नहीं हो पाता।*

आध्यत्मिक ज्ञान का दावा नहीं कर रहा हूँ।

आज सत्य पर चलते हुए रमाशंकर भी इस पिंजरे से, इस संसार से मुक्त हो गया। छोड़ गया टूटे पिंजरे को, जिससे लिपटकर पंडितजी फूट-फूटकर रो रहे थे। सारे गाँव में रमाशंकर की मौत की खबर आग की तरह फैल गई। रमाशंकर का शरीर उसी बैलगाड़ी में रखकर घर लाया जा चुका था, जिससे उसे अस्पताल ले जाया गया था। पंडिताइन को बीच-बीच में मूर्च्छा आ जाती। होश आता तो हृदय-विदारक विलाप करती और फिर मूर्च्छित हो जाती। पंडितजी की अवस्था भी अर्ध-विक्षिप्त के जैसी हो गई थी। वे विश्वास ही नहीं कर पा रहे थे कि दोपहर तक जिसकी रोशनी से घर का आँगन प्रकाशमान था, वह कुलदीपक सूर्य के साथ ही अस्त हो गया। गाँव की औरतों ने आँगन के एक हिस्से को गोबर से लीपा और मृत शरीर को उस पर रख दिया गया। पास में तुलसी का गमला रखा गया और अगरबत्ती और दीपक जलाकर गरुड़ पुराण पढ़ा

*आज सत्य पर चलते हुए रमाशंकर भी इस पिंजरे से, इस संसार से मुक्त हो गया। छोड़ गया टूटे पिंजरे को, जिससे लिपटकर पंडितजी फूट-फूटकर रो रहे थे। सारे गाँव में रमाशंकर की मौत की खबर आग की तरह फैल गई। रमाशंकर का शरीर उसी बैलगाड़ी में रखकर घर लाया जा चुका था, जिससे उसे अस्पताल ले जाया गया था।*

जाने लगा। हिंदू मान्यता के अनुसार शरीर का अंतिम संस्कार रात को नहीं होता, इसलिए रमा का शरीर सुबह सूर्य की पहली किरण के साथ ही खुद को पंचतत्त्व में विलीन करने के लिए इंतजार करने लगा

□

विशाखा के घर का मुख्य दरवाजा, जो लोहे की पतली चादर का बना था, अचानक कोई खटखटाने लगा। सभी का दिल जोर से धड़क उठा, पर अगले ही पल विशाखा की सहेली सीमा की आवाज सुनी तो थोड़ा चैन मिला। पर सीमा की आवाज से पता चला कि वह आवेशित है। मंगू ने जाकर दरवाजा खोला तो सीमा घबराई हुई थी, उसने रमाशंकर की मौत के बारे में बताया। मंगू ने एक लंबी साँस ली और वहीं बैठ गया। सीमा दौड़कर विशाखा के पास गई और रमाकांत की मौत की खबर सुनाई। विशाखा ने सीमा के दोनों कंधों को पकड़कर आश्चर्य से इतना ही पूछा, "सच ?" उसके बाद

*विशाखा के घर का मुख्य दरवाजा, जो लोहे की पतली चादर का बना था, अचानक कोई खटखटाने लगा। सभी का दिल जोर से धड़क उठा, पर अगले ही पल विशाखा की सहेली सीमा की आवाज सुनी तो थोड़ा चैन मिला। पर सीमा की आवाज से पता चला कि वह आवेशित है। मंगू ने जाकर दरवाजा खोला तो सीमा घबराई हुई थी, उसने रमाशंकर की मौत के बारे में बताया।*

विशाखा का चेहरा भावशून्य हो गया। दिमाग विचार शून्य हो गया। वह बुत की तरह पलंग पर बैठ गई। सीमा ने उसके गालों पर हाथ रखते हुए अपना खयाल रखने के लिए कहा। "रात ज्यादा हो गई है, मैं चलती हूँ।"

*आज रात विशाखा के घर में किसी ने खाना नहीं खाया, सबकी रात चिंताओं में करवटें बदलते कटी। विशाखा और उसकी माँ एक ही पलंग पर सोई थीं। सुबह जाकर मंगू और उसकी पत्नी की आँख लगी, पर नींद विशाखा के आसपास भी नहीं फटक पाई।*

आज रात विशाखा के घर में किसी ने खाना नहीं खाया, सबकी रात चिंताओं में करवटें बदलते कटी। विशाखा और उसकी माँ एक ही पलंग पर सोई थीं। सुबह जाकर मंगू और उसकी पत्नी की आँख लगी, पर नींद विशाखा के आसपास भी नहीं फटक पाई।

भोर होने में कुछ समय बाकी था। विशाखा धीरे से उठी तो पलंग की आवाज से माँ की आँख खुल गई, पूछा, "विशाखा, क्या हुआ ?"

"कुछ नहीं माँ, शौच के लिए जा रही हूँ, सुबह होनेवाली है।" और विशाखा कमरे से बाहर निकल गई।

□

सबसे ज्यादा अगर कोई दुःखी और परेशान था तो वे ठाकुर

साहब थे। मृत शरीर के साथ अस्पताल से घर तो आए, पर न रास्ते में किसी से नजर ही मिला पाए, न ही किसी से बात कर पाए। सीधे अपने घर गए। पंडितजी के पास जाएँ तो किस मुँह से, सांत्वना दें तो क्या दें? अँधेरा धीरे-धीरे छँटने लगा था। ठाकुर साहब ने कुछ सोचा और उठ खड़े हुए, कपड़े ठीक किए और चौधरी साहब के घर की तरफ रवाना हो गए। अँधेरा पूरी तरह छँट चुका था।

पंडितजी के घर पर लोगों ने बाँस वगैरह लेकर अर्थी बनाने का काम शुरू कर दिया था। हर कोई भारी मन से आँखों में आँसू लिये अपना काम कर रहा था। पंडितजी कमरे के एक कोने में निढाल-से पड़े थे। पंडिताइन औरतों से घिरी हुई बेसुध-सी पड़ी थी। अर्थी बनानेवाले, नाई और दूसरे पंडितजी क्रिया-कर्म की रस्में कराने के लिए आ चुके थे। तभी पंडितजी के दरवाजे पर चौधरी साहब व ठाकुर साहब प्रकट हुए। ठाकुर साहब शरम से गड़े जा रहे थे। किसी से नजर नहीं मिला पा रहे थे। बुजुर्ग चौधरी साहब ठाकुर साहब को सँभाल रहे थे। एक लड़का उन दोनों को उस कमरे में ले गया, जहाँ पंडितजी बैठे थे। पंडितजी की नजरें जैसे ही ठाकुर साहब से मिलीं, ठाकुर साहब पंडितजी के पैरों में गिर

*पंडितजी के घर पर लोगों ने बाँस वगैरह लेकर अर्थी बनाने का काम शुरू कर दिया था। हर कोई भारी मन से आँखों में आँसू लिये अपना काम कर रहा था। पंडितजी कमरे के एक कोने में निढाल-से पड़े थे। पंडिताइन औरतों से घिरी हुई बेसुध-सी पड़ी थी।*

पड़े और फूट-फूट कर रोने लगे। चौधरी साहब ने उन्हें सँभाला और पास बैठाया। पंडितजी बुत की तरह दीवार के सहारे बैठे रहे, उन्होंने कोई प्रतिक्रिया नहीं दी। ठाकुर साहब की आँखों से निरंतर आँसू बह रहे थे और पंडितजी से आँख नहीं मिला पा रहे थे। दो-चार औपचारिक बातें होने के बाद चौधरी साहब ने पंडितजी को बताया कि अभी ठाकुर साहब थाने जा रहे हैं कर्णसिंह की रपट लिखाने। उसे सजा मिलनी चाहिए, वह अभी भागा हुआ है। पंडितजी ने जब यह सुना तो आश्चर्य से दोनों की तरफ देखा और फिर भरे गले से चौधरी साहब की तरफ देखकर बोले, "मेरा बेटा तो चला गया, अब वापस आने से रहा।" कहकर रोने लगे। फिर सामान्य होने की कोशिश कर बोले, "कर्णसिंह की जिंदगी तबाह हो जाएगी, किसी को कुछ भी नहीं मिलेगा। इसलिए अब यह सब मत करिएगा।" उन्होंने इतना कहकर नमस्कार की मुद्रा में दोनों हाथ जोड़ लिये। ठाकुर साहब फिर से भावुक हो गए और सिसकते हुए पंडितजी के पैरों में गिर पड़े।

*पंडितजी ने जब यह सुना तो आश्चर्य से दोनों की तरफ देखा और फिर भरे गले से चौधरी साहब की तरफ देखकर बोले, "मेरा बेटा तो चला गया, अब वापस आने से रहा।" कहकर रोने लगे। फिर सामान्य होने की कोशिश कर बोले, "कर्णसिंह की जिंदगी तबाह हो जाएगी, किसी को कुछ भी नहीं मिलेगा। इसलिए अब यह सब मत करिएगा।"*

□

अँधेरा पूरी तरह से छँट चुका था। सूर्यदेव भी दर्शन देनेवाले थे। पर विशाखा अभी तक शौच से नहीं लोटी। यह सोच-सोचकर विशाखा की माँ चिंता में डूबी जा रही थी। जब धैर्य नहीं रहा तो मंगू के पास जाकर बोली, "विशाखा भोर अँधेरे ही शौच के लिए जंगल गई थी, पर अभी तक लौटी नहीं।" मंगू ने आश्चर्य से विशाखा की माँ की तरफ देखा और बुदबुदाया, "पर वह तो अँधेरा छँटने से पहले ही घर वापस आ जाती है।" फिर अपने कमजोर घुटनों पर हाथों का दबाब डालते हुए खड़ा हुआ और चिंतित स्वर में विशाखा की माँ से बोला, "मैं पता लगाकर आता हूँ।" विशाखा की माँ ने कुछ ही पलों में विशाखा की सकुशलता के लिए न जाने कितने देवताओं से मन्नतें माँग लीं और फिर खुद भी बेटी की तलाश में मंगू के साथ निकल पड़ी। वे दोनों भागे-भागे विशाखा की उन सहेलियों के पास गए, जो जंगल में शौच के लिए उसके साथ जाती थीं। जब सहेलियों ने उन्हें बताया

*अँधेरा पूरी तरह से छँट चुका था। सूर्यदेव भी दर्शन देनेवाले थे। पर विशाखा अभी तक शौच से नहीं लोटी। यह सोच-सोचकर विशाखा की माँ चिंता में डूबी जा रही थी। जब धैर्य नहीं रहा तो मंगू के पास जाकर बोली, "विशाखा भोर अँधेरे ही शौच के लिए जंगल गई थी, पर अभी तक लौटी नहीं।"*

कि आज तो विशाखा उनके साथ गई ही नहीं और गाँव में पंडित के लड़के की मौत के कारण हमने भी विशाखा को आवाज नहीं दी, तो दोनों के पाँवों तले से जमीन खिसक गई। विशाखा की माँ रुआँसी होती हुई मंगू से बोली, "मेरी बेटी को ढूँढ़ लाइए कहीं से भी।" बूढ़े मंगू की आँखों से पानी की दो बूँदें फिसलते हुए उसके झुर्रीदार गालों को पार करने लगीं।

रमाशंकर की अर्थी उठने के लिए तैयार हो चुकी थी। कथित ऊँची जाति का कोई व्यक्ति बाकी नहीं था, जो श्मशान जाने के लिए न आया हो। स्कूल मास्टरजी, जो रात को हॉस्पिटल से अपने घर चले गए थे, आज साइकिल से सीधे पंडितजी के घर आकर काम में हाथ बँटाने लगे। श्मशान का रास्ता मुश्किल से पाँच मिनट का था। पंडितजी को चार आदमी धीरे-धीरे अर्थी के पास लाए तो पंडितजी रमा के शरीर को देख 'हाय रमा, हाय रमा' कहकर गिर पड़े। बेटे का शरीर देख पंडितजी का कलेजा मुँह को आ रहा था। जैसे शरीर शक्तिविहीन हो गया था। वह शरीर के पास कटे वृक्ष

*रमाशंकर की अर्थी उठने के लिए तैयार हो चुकी थी। कथित ऊँची जाति का कोई व्यक्ति बाकी नहीं था, जो श्मशान जाने के लिए न आया हो। स्कूल मास्टरजी, जो रात को हॉस्पिटल से अपने घर चले गए थे, आज साइकिल से सीधे पंडितजी के घर आकर काम में हाथ बँटाने लगे। श्मशान का रास्ता मुश्किल से पाँच मिनट का था।*

समान गिर गए। लोग उन्हें सहला रहे थे, कोई कुछ बोल नहीं पा रहा था। जबकि आँखें नम थीं, गले रुँधे हुए थे। पंडिताइन का दुःख असह्य था, जिसे देख हर किसी को रोना आ रहा था। पर सांसारिक नियम जितने भी क्रूर हों, उन्हें निभाना ही पड़ता है। जिस बेटे के पूरे जीवन का भार माता-पिता अपने कंधों पर आसानी से उठा लेते हैं, उस बेटे के मृत शरीर का बोझ कोई भी बाप अपने कंधे पर नहीं उठा सकता। पर नियति के आगे सबको झुकना पड़ता है। लोगों ने पंडितजी को सँभालकर खड़ा किया और रमा की अर्थी के एक कोने को पंडितजी के कंधे पर रखा और धीरे से श्मशान की तरफ कदम बढ़ाए। किसी ने धीरे से सुबकते हुए कहा, "राम नाम सत्य है" तो पीछे से रुँधे गले से दो-एक आवाज आई, "सत बोलो गत है।"

*पंडिताइन का दुःख असह्य था, जिसे देख हर किसी को रोना आ रहा था। पर सांसारिक नियम जितने भी क्रूर हों, उन्हें निभाना ही पड़ता है। जिस बेटे के पूरे जीवन का भार माता-पिता अपने कंधों पर आसानी से उठा लेते हैं, उस बेटे के मृत शरीर का बोझ कोई भी बाप अपने कंधे पर नहीं उठा सकता। पर नियति के आगे सबको झुकना पड़ता है।*

□

विशाखा के गायब होने की बात जल्द ही चारों ओर फैल गई। जिसके जो समझ में आया, उसी तरह से विशाखा की तलाश में निकल गया। पर एक घड़ी बीत बीत जाने के बाद भी पूरे

गाँव में उसका कोई पता न चला। मंगू निस्सहाय पड़ा अपने जीवन को कोस रहा था। तो विशाखा की माँ पागलों की तरह कभी इसके घर तो कभी उसके घर दौड़ रही थी, "मेरी विशाखा को देखा क्या? उसे ढूँढ़ लाओ, जो बोलोगे तुम्हारे लिए वही करूँगी।" बच्चों को देखकर बोलती, "बाबू, विशाखा को ढूँढ़, मैं मिठाई खिलाऊँगी।" पड़ोसी सांत्वना देते, पर जिसका सर्वस्व जा चुका हो, सांत्वना कब उसके काम आती है।

रमाशंकर की अर्थी श्मशान पहुँच चुकी थी और पिंडोदक और दूसरी क्रियाएँ करने के बाद उसे चिता पर लिटा दिया गया। श्मशान घाट से थोड़ी दूरी पर पीपल के पेड़ के नीचे एक लंबी जटाओंवाला तांत्रिक बैठा था। लोगों ने उसकी तरफ ज्यादा ध्यान नहीं दिया। पंडितजी को चिता के पास लाया गया। पंडितजी ने अंतिम बार भरे गले से रमा का मुख देखने की इच्छा जताई। उनको मुख दिखाया तो लगा कि कलेजा फटकर मुँह को आ जाएगा। वहाँ मौजूद हर शख्स रो पड़ा। फिर

*रमाशंकर की अर्थी श्मशान पहुँच चुकी थी और पिंडोदक और दूसरी क्रियाएँ करने के बाद उसे चिता पर लिटा दिया गया। श्मशान घाट से थोड़ी दूरी पर पीपल के पेड़ के नीचे एक लंबी जटाओंवाला तांत्रिक बैठा था। लोगों ने उसकी तरफ ज्यादा ध्यान नहीं दिया। पंडितजी को चिता के पास लाया गया। पंडितजी ने अंतिम बार भरे गले से रमा का मुख देखने की इच्छा जताई।*

पंडितजी से जलती अग्नि लेकर चिता का एक चक्कर लगवाया और वह अग्नि चिता के हवाले कर दी। थोड़ी देर में चिता धू-धू कर जल उठी। पंडितजी की आँखों से अविरल आँसू बह रहे थे। हर शख्स गमगीन था, सभी की आँखें नम थीं, सब खामोश थे। पंडितजी को स्कूल के गुरुजी व कुछ लोगों ने सँभाल रखा था।

*दूर पेड़ के नीचे बैठा तांत्रिक धीरे से उठा और चिता की तरफ बढ़ने लगा। उसके हाथ में कुछ लकड़ीनुमा चीज थी। लोगों को आश्चर्य हुआ कि तांत्रिक तो रात को ही शवों के पास आता है, यह दिन में क्यों आ रहा है ? गाँवों में ऐसे माहौल अकारण ही डरावने बन जाते हैं। तांत्रिक ने अपने चलने की गति बढ़ा दी, फिर दौड़ पड़ा।*

दूर पेड़ के नीचे बैठा तांत्रिक धीरे से उठा और चिता की तरफ बढ़ने लगा। उसके हाथ में कुछ लकड़ीनुमा चीज थी। लोगों को आश्चर्य हुआ कि तांत्रिक तो रात को ही शवों के पास आता है, यह दिन में क्यों आ रहा है ? गाँवों में ऐसे माहौल अकारण ही डरावने बन जाते हैं। तांत्रिक ने अपने चलने की गति बढ़ा दी, फिर दौड़ पड़ा। कुछ पास आया तो साफ हुआ कि यह तांत्रिक नहीं, कोई महिला है, जो हाथ में कुल्हाड़ी लिये उनकी तरफ दौड़ी आ रही है। जब और नजदीक आई तो सबको यह देखकर ताज्जुब हुआ कि यह तो वही मोचीवाली छोरी विशाखा है, जो कुल्हाड़ी लेकर उनकी तरफ दौड़ी आ रही है। उसका रौद्र रूप व बिखरे बाल

उसे डरावना बना रहे थे। वह दूर से ही चिल्लाने लगी, "पंडित, ओ पंडित, देख मैं विशाखा, मैं आई हूँ।" देखते-देखते वह चिता के पास पहुँच गई। उसकी आँखें रो-रोकर सूज गई थीं। उसका चेहरा बता रहा था, दुःख और गुस्सा कब का अपनी सीमाएँ पार कर चुका है। वह कुछ भी कर सकती है। डर के मारे कोई उसके पास जाने की हिम्मत नहीं जुटा पा रहा था। दो लड़कों ने विशाखा की तरफ बढ़ने की हिम्मत की तो विशाखा ने हवा में कुल्हाड़ी लहराते हुए धमकी दी कि कोई पास आया तो काट डालूँगी। उसने दाँत पीसकर चिल्लाते हुए हुए रो-रोकर कहना शुरू किया, "पंडित, तूने ही इस बावले के साथ मुझे बदनाम किया था न! अरे, यह तो ऐसा नहीं था। तेरा बेटा था, उसे भी नहीं पहचान पाया। गाय जैसा सीधा था तेरा बेटा, तूने उसको भी मार दिया। इतना भी नहीं सोचा कि वह कितना छोटा है। तूने एक गुंडे की बात पर विश्वास कर लिया। पंडित, रमा को ठाकुर के बेटे ने नहीं, तूने मारा है रे, तूने मारा है।" वह रोती जा रही थी और बोलती जा रही थी। वहाँ मौजूद सभी लोगों को जैसे साँप सूँघ गया था, सब पत्थर की मूर्ति-से खड़े होकर

*देखते-देखते वह चिता के पास पहुँच गई। उसकी आँखें रो-रोकर सूज गई थीं। उसका चेहरा बता रहा था, दुःख और गुस्सा कब का अपनी सीमाएँ पार कर चुका है। वह कुछ भी कर सकती है। डर के मारे कोई उसके पास जाने की हिम्मत नहीं जुटा पा रहा था।*

विशाखा को सुन रहे थे। विशाखा ने कहना जारी रखा, "पंडित, रमा मुझसे बहुत छोटा था, वह तो पगला जानता भी नहीं था कि प्रेम क्या होता है, फिर भी तूने उसे मार डाला। अरे, एक बार तो सच्चाई जान लेता।" विशाखा ने अपने आँसुओं को पोंछा और फिर दृढ़ता और गुस्से से चिल्लाकर बोली, "लेकिन सुन पंडित, अब मुझे उससे सचमुच प्यार हो गया है, अगले जन्म में मैं उसी के साथ ब्याह रचाऊँगी। तेरी हिम्मत है तो रोक लेना, देख, मैं उसके साथ सती होने जा रही हूँ। हाँ, मैं उसके साथ सती हो रही हूँ।" कोई कुछ समझ पाता, उससे पहले ही विशाखा ने धू-धू करती चिता में छलाँग लगा दी। एक पल के लिए सभी स्तब्ध रह गए। दूसरे ही पल सभी की तंद्रा टूटी और कोहराम मच गया। कोई कह रहा था कि अरे, पानी डालो, कोई हाथों में बालू भरकर चिता पर फेंक रहा था। कोई चिता की लकड़ियों को खींचकर बुझाने की कोशिश कर रहा था। चारों तरफ हाय-तौबा मच गई। पर अग्निदेव ने विशाखा को अपनी बाँहों में समेट लिया था, जिनसे उसे छुड़ा पाना मुमकिन नहीं था।

*विशाखा ने अपने आँसुओं को पोंछा और फिर दृढ़ता और गुस्से से चिल्लाकर बोली, "लेकिन सुन पंडित, अब मुझे उससे सचमुच प्यार हो गया है, अगले जन्म में मैं उसी के साथ ब्याह रचाऊँगी। तेरी हिम्मत है तो रोक लेना, देख, मैं उसके साथ सती होने जा रही हूँ। हाँ, मैं उसके साथ सती हो रही हूँ।"*

मास्टरजी श्मशान छोड़ बस्ती की तरफ भागे। पंडितजी के घर से साइकिल उठाई और शहर की ओर दौड़ पड़े। इस गाँव ने इतना बुरा काल कभी नहीं देखा था।

पंडितजी मूर्च्छित हो गए। कुछ लोग उन्हें होश में लाने की कोशिश कर रहे थे तो कुछ लोग डर के मारे श्मशान से भाग खड़े हुए, कुछ चिता को बुझाने में लगे थे। ठाकुर साहब सिर पकड़कर चेतनाशून्य-से बैठे थे, उनके कुछ भी समझ में नहीं आ रहा था।

*पंडितजी मूर्च्छित हो गए। कुछ लोग उन्हें होश में लाने की कोशिश कर रहे थे तो कुछ लोग डर के मारे श्मशान से भाग खड़े हुए, कुछ चिता को बुझाने में लगे थे। ठाकुर साहब सिर पकड़कर चेतनाशून्य-से बैठे थे, उनके कुछ भी समझ में नहीं आ रहा था।*

इधर स्कूल के गुरुजी बदहवास-से साइकिल पर गाँव के थाने पहुँचे और सारी घटना कह सुनाई। थानेदार साहब ने तुरंत अपनी जीप निकलवाई और चार-पाँच सिपहियों के साथ श्मशान पहुँचे। चिता अभी पूरी तरह बुझी नहीं थी। दोनों शरीर लगभग आधे जल चुके थे। सिपाहियों ने चिता को बुझाना शुरू किया। थानेदार ने पंडितजी को जीप में डालकर हॉस्पिटल पहुँचाया, ड्राइवर को हॉस्पिटल पहुँचकर शववाहिनी भेजने का आदेश दिया। गाँववालों की मदद से चिता से दोनों अधजले शवों को निकालकर जमीन पर लिटाया और पंचनामा तैयार करने लगे। एक अजीब दहशत में गाँव था। श्मशान से भागकर अपने घरों को

पहुँचे लोग भी भयवश चुप थे। कुछ तो गाँव में अपनी अनुपस्थिति दिखाने के रास्ते खोज रहे थे। थोड़ी देर में शववाहिनी पहुँची तो कुछ लोगों की गवाही लेकर और पंचनामे की काररवाई पूरी कर दोनों शवों को उसमें लादकर अस्पताल रवाना कर दिया।

मंगू के घर खबर भिजवाई और मंगू को थाने बुला भेजा। उसे विशाखा की मौत की खबर न बताकर इतना ही बताया कि विशाखा से संबंधित कोई बात करनी है, इसलिए थाने चलना है। शायद विशाखा मिल गई, यह सोचकर मंगू की आँखों में एक चमक आ गई। वह विशाखा की माँ को सांत्वना देते हुए दो आदमियों को साथ लेकर उस आदमी के साथ थाने रवाना हो गया।

*मंगू के घर खबर भिजवाई और मंगू को थाने बुला भेजा। उसे विशाखा की मौत की खबर न बताकर इतना ही बताया कि विशाखा से संबंधित कोई बात करनी है, इसलिए थाने चलना है। शायद विशाखा मिल गई, यह सोचकर मंगू की आँखों में एक चमक आ गई। वह विशाखा की माँ को सांत्वना देते हुए दो आदमियों को साथ लेकर उस आदमी के साथ थाने रवाना हो गया।*

पंडितजी को होश आने के बाद थानेदार उनके पास आया और मामूली पूछताछ की। थानेदार दिल का अच्छा था, इसलिए किसी को भी ज्यादा परेशान नहीं किया। पोस्टमार्टम करने के बाद दोनों शवों को उनके परिवार

को सौंपकर थानेदार ने पंडितजी और ठाकुर साहब को अपने कमरे में बुलाकर कहा, "पंडितजी, हमें इस बात का पता चल गया है कि रमाशंकर की मौत कैसे हुई, पर आप दोनों के रिश्ते को देखकर मैं अभी कोई काररवाई नहीं कर रहा हूँ।" थानेदार ने पंडितजी को इंगित करते हुए कहा, "फिर भी आप जब चाहें, तब अपनी रिपोर्ट लिखा सकते हैं। हम कर्णसिंह पर कानूनी काररवाई करेंगे।" पंडितजी ने थानेदार के सामने दोनों हाथ जोड़ लिये, पर मुँह से कुछ न निकला।

***रमाशंकर और विशाखा का मृत शरीर एक ही शववाहिनी में पड़ा था। तय हुआ कि पहले रमाशंकर का शरीर शववाहिनी उसके घर छोड़ेगी, फिर विशाखा का। मंगू और उसके मोहल्ले का एक लड़का शववाहिनी में बैठे थे। ठाकुर साहब ने पंडितजी को सहारा देकर शववाहिनी में बैठाया और खुद भी बैठ गए।***

रमाशंकर और विशाखा का मृत शरीर एक ही शववाहिनी में पड़ा था। तय हुआ कि पहले रमाशंकर का शरीर शववाहिनी उसके घर छोड़ेगी, फिर विशाखा का। मंगू और उसके मोहल्ले का एक लड़का शववाहिनी में बैठे थे। ठाकुर साहब ने पंडितजी को सहारा देकर शववाहिनी में बैठाया और खुद भी बैठ गए।

दर्द जब सीमा पार कर जाए तो वह आदमी के सहने की क्षमता बढ़ा देता है, जैसाकि पंडितजी के साथ हुआ। आज पंडितजी

के चेहरे पर पीड़ा और बेबसी तो थी, पर आँख में आँसू नहीं थे। हाय, यह कैसा दुर्भाग्य था कि अपने ही बेटे की अर्थी को दो बार कंधा देना पड़ेगा। उन्होंने एक नजर मंगू पर डाली। वह अभागा निरंतर रो रहा था। उसके साथ का लड़का आँख में पानी लिये हुए उसे सँभाल रहा था। पंडितजी ने विशाखा के शरीर की तरफ देखा और आँखें बंद कर लीं। शववाहिनी रवाना हो गई।

दोनों घरों में कोहराम मचा था।

पड़ोसी घर के लोगों को सँभाल रहे थे। पूरा गाँव शोक में डूबा था। हर जुबान पर विशाखा और रमाशंकर की बातें थीं। विशाखा की सहेलियों का रो-रोकर बुरा हाल था। मंगू का तो संसार ही लुट गया था। किसी को इस घटना पर विश्वास ही नहीं हो रहा था। मंगू के घर मजमा लगना शुरू हो गया था। शववाहिनी पंडित के घर पहुँची तो शव उतरते समय पंडितजी फूट-फूटकर रो पड़े। लोगों ने उन्हें सँभाला और घर के भीतर उनके कमरे में ले गए। आँगन को फिर से गोबर से लीपा गया और वहाँ रमाशंकर के शरीर को तुलसी और दीपक के साथ रखा गया। पंडितजी जब थोड़े सामान्य दिखे

*पड़ोसी घर के लोगों को सँभाल रहे थे। पूरा गाँव शोक में डूबा था। हर जुबान पर विशाखा और रमाशंकर की बातें थीं। विशाखा की सहेलियों का रो-रोकर बुरा हाल था। मंगू का तो संसार ही लुट गया था। किसी को इस घटना पर विश्वास ही नहीं हो रहा था।*

तो ठाकुर साहब ने इजाजत चाही, पर पंडितजी ने उनका हाथ पकड़ लिया और उनके साथ बैठे रहने की प्रार्थना की, जिसे ठाकुर साहब ने सहज स्वीकार कर लिया। साथ ही ठाकुर साहब ने अपने अंदर कुछ हलका महसूस किया।

*विशाखा का शव जब घर पहुँचा तो विशाखा की माँ धाड़ मारकर रो पड़ी। वह विश्वास नहीं कर पा रही थी कि यह शरीर विशाखा का है। हर कोई भावुक था, गमगीन था। सभी की आँखों में आँसू थे। पड़ोस की औरतों ने विशाखा की माँ को सँभालने की कोशिश की।*

विशाखा का शव जब घर पहुँचा तो विशाखा की माँ धाड़ मारकर रो पड़ी। वह विश्वास नहीं कर पा रही थी कि यह शरीर विशाखा का है। हर कोई भावुक था, गमगीन था। सभी की आँखों में आँसू थे। पड़ोस की औरतों ने विशाखा की माँ को सँभालने की कोशिश की। मंगू फूट-फूटकर रो रहा था। कौन किसे सांत्वना दे, सब की एक-सी हालत थी। फिर भी रस्मो-रिवाज तो निभाने ही होंगे।

पंडितजी और ठाकुर साहब उनके आँगन में बिछाई गद्दी पर चुपचाप बैठे थे। रात के करीबन दस बज चुके थे। पंडितजी दीवार के सहारे पीठ टिकाकर बैठ गए। बीच-बीच में उनकी आँखों से आँसू निकल आते थे। बहुत थकावट और कमजोरी आ गई थी। पिछली सारी रात से पंडितजी रो रहे थे।

शायद इसीलिए बीच-बीच में उन्हें नींद की झपकी आती और फिर हड़बड़ाकर उठ जाते। ठाकुर साहब उनके पास बैठे थे। तुरंत उनका हाथ पकड़कर पूछते, "क्या हुआ प्रणम्य?" ठाकुर साहब हाथ से सब ठीक होने का इशारा करते और फिर आँखें बंद कर लेते। कभी-कभी उनकी आँखों से आँसू छलक आते।

घड़ी-दो घड़ी बाद जब ठाकुर साहब को भी झपकियाँ आने लगी थीं, एकाएक पं. दयाशंकरजी हड़बड़ाकर चिल्ला उठे, "रमा!!" वे अपना दाहिना हाथ इस तरह आगे बढ़ाकर देखने लगे, जैसे रमाशंकर उनके सामने खड़ा हो। ठाकुर साहब, जो झपकियाँ ले रहे थे, अचानक सीधे बैठ गए और पंडितजी को झिंझोड़ते हुए पूछा, "क्या हुआ, गुरुवर?"

*पंडितजी ने लंबी साँस छोड़ते हुए कहा, "रमा आया था।" ठाकुर साहब ने चेहरे पर अचानक उभर आए डर को छुपाते हुए एक दृष्टि कमरे में घुमाई और पंडितजी के पास खिसकते हुए बोले, "नहीं प्रणम्य, यह आपका भ्रम है, कोई सपना देखा होगा।"*

पंडितजी ने लंबी साँस छोड़ते हुए कहा, "रमा आया था।" ठाकुर साहब ने चेहरे पर अचानक उभर आए डर को छुपाते हुए एक दृष्टि कमरे में घुमाई और पंडितजी के पास खिसकते हुए बोले, "नहीं प्रणम्य, यह आपका भ्रम है, कोई सपना देखा होगा।" पंडितजी ने सामान्य होते हुए कहा, "हाँ, सपना ही था। सपने में रमा आया था। बहुत बुरा सपना था,

खैर छोड़िए।" ठाकुर साहब ने भी बात आगे नहीं बढ़ाई। पंडितजी दीवार पर पीठ टिकाकर फिर सुस्ताने लगे। ठाकुर साहब पंडितजी के और करीब खिसक आए और चौकन्ने-से कमरे में चारों ओर देखने लगे। पंडितजी फिर से झपकियाँ लेने लगे।

*पंडितजी गंभीर होते हुए बोले, "जी, बहुत बुरा सपना था। फिर वही पहलेवाला सपना।" अब ठाकुर साहब का भय उनके चेहरे पर साफ झलक रहा था। उन्होंने अपनी नजरों से पंडितजी और अपने बीच का फासला नापा, जो न के बराबर था और पंडितजी के पास खिसकने की कोई गुंजाइश नहीं थी।*

अभी कुछ समय ही बीता था कि पंडितजी ने फिर वही क्रिया दोहराई। इस बार ठाकुर साहब अपने डर को छुपा नहीं पाए और पंडितजी से पूछ बैठे, "फिर सपना देखा?"

पंडितजी गंभीर होते हुए बोले, "जी, बहुत बुरा सपना था। फिर वही पहलेवाला सपना।" अब ठाकुर साहब का भय उनके चेहरे पर साफ झलक रहा था। उन्होंने अपनी नजरों से पंडितजी और अपने बीच का फासला नापा, जो न के बराबर था और पंडितजी के पास खिसकने की कोई गुंजाइश नहीं थी। ठाकुर साहब अपने आप को सामान्य दिखाने की भरपूर कोशिश कर रहे थे। पंडितजी फिर से दीवार के सहारे पीठ टिकाकर किसी सोच में पड़ गए। पर जल्द ही उन्हें फिर झपकियाँ आने लगीं।

एक तो ठाकुर साहब लाख कोशिश के बाद भी सहज नहीं हो पा रहे थे। इस पर पंडितजी फिर एक बार चीख पड़े, "रमा!!" पंडितजी की आँखें सामान्य से ज्यादा खुली हुई थीं तो ठाकुर साहब के हृदय की धड़कन सामान्य से कई गुना बढ़ गई थी। पंडितजी की आवाज सुनकर बाहर से दो-तीन आदमी दौड़कर कमरे में आए और पंडितजी का हालचाल पूछने लगे। पंडितजी ने सामान्य होते हुए कहा, "कुछ नहीं, सपना था।" ठाकुर साहब ने उन दोनों व्यक्तियों से वहीं बैठने की प्रार्थना की। वैसे भी ठाकुर साहब का कहा भला कोई कैसे टाल सकता था। पंडितजी ने भी उन्हें बैठने का इशारा किया तो दोनों सज्जन भी उनके पास बैठ गए। पंडितजी ने चिंतित होते हुए कहा, "ये एक ही सपना बार-बार क्यों आ रहा है?" सभी ने लगभग एक ही सुर में पंडित से सपने के बारे में पूछा। पंडितजी ने कहा कि बताते हुए बहुत संकोच हो रहा है। पर सभी ने जब जिद की तो पंडितजी को बताना

*एक तो ठाकुर साहब लाख कोशिश के बाद भी सहज नहीं हो पा रहे थे। इस पर पंडितजी फिर एक बार चीख पड़े, "रमा!!" पंडितजी की आँखें सामान्य से ज्यादा खुली हुई थीं तो ठाकुर साहब के हृदय की धड़कन सामान्य से कई गुना बढ़ गई थी। पंडितजी की आवाज सुनकर बाहर से दो-तीन आदमी दौड़कर कमरे में आए और पंडितजी का हालचाल पूछने लगे।*

पड़ा। उन्होंने बताया कि रमा सपने में आकर एक ऐसी बात बोल रहा है, जो कभी पूरी नहीं हो सकती। साथ में रमा धमकी भी दे रहा है कि उसकी बात नहीं मानी तो पूरा गाँव बरबाद हो जाएगा। पंडितजी ने ठाकुर साहब को देखते हुए संकोचपूर्वक कहा। "ठाकुर साहब, वह बोल रहा है कि शुरुआत आपके घर से होगी।" पंडितजी ने ठाकुर साहब को ढाढ़स बँधाते हुए फिर कहा, "आप चिंता मत कीजिए, यह तो सपना है, सपने का क्या।" ठाकुर साहब के डर और चिंता दोनों ने मिलकर ठाकुर साहब को परेशान करना शुरू कर दिया था। फिर पंडितजी ठाकुर साहब की ओर देखकर बोले, "आपकी बहू पेट से है, दस-बारह दिन उसका ध्यान रखिएगा। घर से ज्यादा बाहर न निकले।" ठाकुर साहब के चेहरे की रंगत उड़ी हुई थी। अचानक ठाकुर साहब को कुछ ध्यान आया तो पंडितजी से पूछा, "आखिर रमा चाहता क्या है? कौन सी बात है, जो पूरी नहीं हो सकती?" पंडितजी ने लंबी गहरी साँस ली और

*पंडितजी ठाकुर साहब की ओर देखकर बोले, "आपकी बहू पेट से है, दस-बारह दिन उसका ध्यान रखिएगा। घर से ज्यादा बाहर न निकले।" ठाकुर साहब के चेहरे की रंगत उड़ी हुई थी। अचानक ठाकुर साहब को कुछ ध्यान आया तो पंडितजी से पूछा, "आखिर रमा चाहता क्या है? कौन सी बात है, जो पूरी नहीं हो सकती?"*

बताया, "रमा चाहता है कि उसका और उस मोची की लड़की का दाह-संस्कार एक ही चिता पर हो।"

"क्या!!!" अचानक दोनों सज्जन के मुख से एक साथ निकला और ठाकुर साहब फटी-फटी आँखों से पंडितजी को देख रहे थे। पंडितजी ने आगे कहा, "यह कैसे संभव है, हमारे श्मशान में चमारिन का दाह-संस्कार, वह भी पंडित के लड़के की चिता पर!! नहीं, यह नहीं हो सकता।" पंडितजी ने कहकर ठाकुर साहब की तरफ देखा। ठाकुर साहब के मुँह से कुछ भी बोलते न बना। तभी एक सज्जन बोले, "ऐसा कैसे हो सकता है ? कितनी जग हँसाई होगी। फिर यह तो सपना ही है।" तभी दूसरे सज्जन ने जवाब दिया, "जरा दिमाग पर जोर डालो, एक ही बात को बार-बार सपने में आकर बोलना, वह मोचीवाली छोरी का रमा की चिता में अपनी जान देना, कुछ तो बात जरूर है। और मैंने सुना है कि मृत आत्मा बारह दिनों तक अपने घर में ही रहती है। अभी तो रमा का शरीर भी यहीं है।" इसी के साथ दोनों सज्जन पंडितजी के और करीब खिसक आए। ठाकुर साहब ने पंडितजी के सामने हाथ जोड़ते हुए कहा, "अब

*अचानक दोनों सज्जन के मुख से एक साथ निकला और ठाकुर साहब फटी-फटी आँखों से पंडितजी को देख रहे थे। पंडितजी ने आगे कहा, "यह कैसे संभव है, हमारे श्मशान में चमारिन का दाह-संस्कार, वह भी पंडित के लड़के की चिता पर!! नहीं, यह नहीं हो सकता।"*

इसका उपाय आप ही करें, गुरुवर!" पंडितजी ने ठाकुर साहब की ओर मुखातिब होते हुए कहा, "यह कैसे संभव है, कौन मानेगा इस बात को कि बड़ी जाति के श्मशान में चमारिन का दाह-संस्कार! और मुझे तो लोग समाज के बाहर निकाल देंगे! मैं तो मंदिर में भी जाने लायक नहीं रहूँगा। पहले दाह-संस्कार, फिर एक साथ भोज, यह कैसे संभव होगा?" तभी एक सज्जन बोल पड़े, "पर रमा ने भोज की बात तो एक साथ करने की नहीं की न।" पंडितजी ने फिर लंबी साँस ली और कहा, "सपना तो मैंने देखा है, उसने जो-जो कहा, वह सिर्फ मुझे पता है।" दोनों सज्जनों ने पहले एक-दूसरे की तरफ देखा, फिर ठाकुर साहब की ओर। कमरे में एक अजीब सी शांति छा गई। अजीबोगरीब परिस्थिति थी। किसी से कुछ बोलते ही नहीं बन रहा था।

*पंडितजी ने ठाकुर साहब की ओर मुखातिब होते हुए कहा, "यह कैसे संभव है, कौन मानेगा इस बात को कि बड़ी जाति के श्मशान में चमारिन का दाह-संस्कार! और मुझे तो लोग समाज के बाहर निकाल देंगे! मैं तो मंदिर में भी जाने लायक नहीं रहूँगा। पहले दाह-संस्कार, फिर एक साथ भोज, यह कैसे संभव होगा?"*

□

पौ फटने को आई, हलका सा उजाला दिखाई दिया तो ठाकुर साहब ने नित्यकर्म के लिए इजाजत चाही और तुरंत वापस आने की

बात कही। ठाकुर साहब को लगा कि जैसे उनकी टाँगें काँप रही हैं। बेचैन ठाकुर साहब ने दरवाजे की तरफ बढ़ते हुए मुड़कर दोनों हाथ जोड़कर पंडितजी से इजाजत चाही। तभी पैर सामने की दहलीज से टकराया और ठाकुर साहब मुँह के बल गिर पड़े। पंडितजी के साथ दोनों सज्जन ठाकुर साहब की तरफ लपके और उन्हें उठाया। ठाकुर साहब के ललाट पर हलकी चोट आई और थोड़ा खून बहने लगा। एक आदमी तुरंत कहीं से पुराना कपड़ा लाया और उसे जलाने लगा। कोई पानी लाया, जले हुए कपड़े को चोट के निशान पर रखकर एक साफ कपड़े से पट्टी बाँधी गई। पंडितजी एकाएक रमाशंकर के शरीर के पास पहुँचकर घुटनों के बल बैठ गए। उनके इस व्यवहार से सभी आश्चर्यचकित थे। अचानक पंडितजी ने रामा के शरीर के सामने गिड़गिड़ाना शुरू किया, "रमा, इस गाँव को माफ कर दो। तुम्हें जो नुकसान पहुँचाना है, मुझे पहुँचाओ, तुम्हारा गुनहगार मैं हूँ। ठाकुर साहब को छोड़ दो।" कुछ लोगों ने मिलकर पंडितजी को वहाँ से उठाया और ढाढ़स बँधाते हुए कमरे की तरफ ले गए। फिर दोनों सज्जन ने सभी को पंडितजी के सपनेवाली बात

*एक आदमी तुरंत कहीं से पुराना कपड़ा लाया और उसे जलाने लगा। कोई पानी लाया, जले हुए कपड़े को चोट के निशान पर रखकर एक साफ कपड़े से पट्टी बाँधी गई। पंडितजी एकाएक रमाशंकर के शरीर के पास पहुँचकर घुटनों के बल बैठ गए।*

बताई। इस दौरान सभी ने नजर चुराकर रमा के मृत शरीर की तरफ देखा। फिर कयास यह लगा कि रमा ने ही ठाकुर साहब को धक्का देकर गिराया है। खुद ठाकुर साहब को भी यही लगा, उन्होंने उपस्थित लोगों को बताया कि उन्हें महसूस हुआ कि किसी ने उन्हें पीछे से धक्का दिया।

*मनुष्य का स्वभाव हमेशा से ही दूसरों का ध्यान अपनी तरफ खींचने का रहा है। शायद इसी प्रवृत्ति की वजह से वह अकसर किसी भी विषय पर अपने आप को ज्ञानी बताने की कोशिश करता है। चाहे इसके लिए उसे वस्तुस्थिति को विकृत ही क्यों न करना पड़े।*

सुबह का उजाला और भय का वातावरण दोनों साथ-साथ बढ़ने लगे।

मनुष्य का स्वभाव हमेशा से ही दूसरों का ध्यान अपनी तरफ खींचने का रहा है। शायद इसी प्रवृत्ति की वजह से वह अकसर किसी भी विषय पर अपने आप को ज्ञानी बताने की कोशिश करता है। चाहे इसके लिए उसे वस्तुस्थिति को विकृत ही क्यों न करना पड़े। उसी का नतीजा था कि भय, हड़बड़ाहट, बेचैनी और असावधानी की वजह से गिरे ठाकुर साहब की घटना को बाकी लोगों ने इन सबको 'रमा के बदले' का रूप दे दिया।

अब सभी की जुबान पर एक ही चर्चा होने लगी कि रमा ने बदला लेना शुरू कर दिया है और ठाकुर साहब को धक्का देकर गिरा दिया।

□

ठाकुर साहब वहाँ से निकलकर सीधे चौधरी साहब के घर पहुँचे और उन्हें राम-राम कहा। चौधरी साहब ने ठाकुर साहब के सिर पर बँधी पट्टी को देखते हुए इशारे से पूछा, 'यह चोट कैसे लगी?' तो ठाकुर साहब ने उन्हें रात से लेकर सुबह तक की सारी घटनाएँ कह सुनाईं, साथ में यह भी बताया कि कैसे रमाशंकर ने उन्हें धक्का देकर जमीन पर गिरा दिया। जिसकी वजह से यह सिर में चोट लगी। चौधरी साहब के चेहरे पर आश्चर्य, भय और चिंता के भाव एक साथ उभर आए। ठाकुर साहब ने हाथ जोड़कर चौधरी साहब ने मिन्नत की कि गाँव की भलाई व सलामती के लिए हमें कुछ कड़े फैसले लेने चाहिए। जो रमाशंकर चाहता है, हमें वही करना चाहिए।

*ठाकुर साहब वहाँ से निकलकर सीधे चौधरी साहब के घर पहुँचे और उन्हें राम-राम कहा। चौधरी साहब ने ठाकुर साहब के सिर पर बँधी पट्टी को देखते हुए इशारे से पूछा, 'यह चोट कैसे लगी?' तो ठाकुर साहब ने उन्हें रात से लेकर सुबह तक की सारी घटनाएँ कह सुनाईं, साथ में यह भी बताया कि कैसे रमाशंकर ने उन्हें धक्का देकर जमीन पर गिरा दिया*

चौधरी साहब ने कुछ सोचते हुए तुरंत सभी पंचों को पंडितजी के घर इकट्ठे होने की बात कही। ठाकुर साहब की पीठ थपथपाते

हुए चौधरी साहब ने सांत्वना देते हुए कहा कि सब ठीक हो जाएगा, आप चिंतित न हों। आप सभी गणमान्य व्यक्तियों को पंडितजी के घर पर तुरंत बुलाइए। कुछ औपचारिक बातें करने के बाद ठाकुर साहब चौधरीजी से विदा लेकर सभी पंचों व गणमान्य व्यक्तियों को पंडितजी के घर अति-आवश्यक सभा के लिए बुलाने दौड़ पड़े। इधर चौधरी साहब ने खूँटी पर टँगा कुरता उठाया और पहनने लगे। चौधराइन चाय का प्याला लेकर आई थी, पर चौधरी साहब ने चाय नहीं पी। वे बिना चाय पिए ही पंडितजी के घर की तरफ निकल पड़े।

*पंडित के घर सभी पंच इकट्ठे हुए और इस विषय पर चर्चा होने लगी। काफी तर्क-वितर्क के बाद फैसला लिया गया कि हमें वही करना चाहिए, जो रमा चाहता है। आज पहली बार गणमान्य व्यक्तियों में से किसी ने बताया कि हिंदू धर्म में तो जाति प्रथा थी नहीं, हमारे पूर्वज कर्म प्रधान थे।*

□

पंडित के घर सभी पंच इकट्ठे हुए और इस विषय पर चर्चा होने लगी। काफी तर्क-वितर्क के बाद फैसला लिया गया कि हमें वही करना चाहिए, जो रमा चाहता है। आज पहली बार गणमान्य व्यक्तियों में से किसी ने बताया कि हिंदू धर्म में तो जाति प्रथा थी नहीं, हमारे पूर्वज कर्म प्रधान थे। किसी ने वर्ण-व्यवस्था का हवाला देते हुए बताया कि जन्म से तो सभी शूद्र होते हैं। यहाँ राम-शबरी से लेकर सभी बातें उठीं। कुल मिलाकर यह पता चला कि मनुष्य

अपनी सुविधा के लिए सभी नियमों में फेर-बदल करता आया है। यहाँ भी हुआ और यह तय हुआ कि जो रमा चाहता है, वही होगा। यह भी एक विडंबना थी कि रमा को जो जीते-जी चाहा नहीं मिला, पर मरने के बाद लोग उसकी सब इच्छा पूरी करने के लिए तैयार हो गए। दाह-संस्कार, भोज सबकुछ, पंडितजी ने यहाँ रमा के सपने की एक और बात बताई, जो अभी तक किसी को नहीं बताई थी। पंडितजी ने कहा कि रमा चाहता है, दाह-संस्कारवाली जगह 'सती विशाखा' के नाम से मंदिर हो। इस पर सभी ने ठाकुर साहब के सिर में बँधी पट्टी को देखते हुए मौन स्वीकृति दे दी।

□

जिस मंगू को कथित ऊँची जातिवाले तुच्छ समझते थे और जिस मंगू की उनके सामने खड़े होने की हैसियत नहीं थी, आज उसी मंगू के घर पंचों में से एक अग्रवाल साहब दो आदमियों को लेकर खुद गए। विशाखा की अर्थी सजाने की तैयारी चल रही थी। अग्रवाल साहब को देखकर जमा भीड़ में कोई आश्चर्य कर रहा था तो कोई गुस्सा। कुछ बुजुर्ग लोगों ने अग्रवाल साहब को नमस्कार किया और सम्मानपूर्वक बैठाने के

*जिस मंगू को कथित ऊँची जातिवाले तुच्छ समझते थे और जिस मंगू की उनके सामने खड़े होने की हैसियत नहीं थी, आज उसी मंगू के घर पंचों में से एक अग्रवाल साहब दो आदमियों को लेकर खुद गए। विशाखा की अर्थी सजाने की तैयारी चल रही थी।*

लिए खाट बिछाई, पर अग्रवाल साहब बैठे नहीं।

अग्रवाल साहब के चेहरे पर कोई रुआब नहीं था, बेचारगी ज्यादा झलक रही थी। फिर मंगू और उनके समाज के लोगों को सारी बात बताई। यों लग रहा था, जैसे अग्रवाल साहब अपनी बात मनवाने के लिए उनके सामने गिड़गिड़ा रहे हैं।

वर्षों से कथित अगड़ी जातियों से दबे-कुचले समाज को आज एक बराबरी का अहसास हो रहा था। ब्राह्मण के लड़के के साथ मोची की बेटी का दाह-संस्कार और फिर एक साथ भोज, जैसे ईश्वर ने उन्हें सदियों से होते आए अपमान का बदला लेने का भरपूर मौका दे दिया। जल्द ही सर्वसम्मति बन गई और विशाखा की अर्थी का दाह-संस्कार पं. उमाशंकर के लड़के के साथ करना तय हुआ। समाचार आग की तरह गाँव में फैल गया। पंडितजी के अनुरोध पर रमा के अधजले शरीर को दूल्हे-सा सजाया गया और विशाखा के शरीर को दुलहन-सा। पंडितजी ने बताया कि यह रमा की माँग है, जो उसने सपने में आकर कही है। फिर दोनों अर्थियों को गाँव के मुख्य मार्गों से एक

*वर्षों से कथित अगड़ी जातियों से दबे-कुचले समाज को आज एक बराबरी का अहसास हो रहा था। ब्राह्मण के लड़के के साथ मोची की बेटी का दाह-संस्कार और फिर एक साथ भोज, जैसे ईश्वर ने उन्हें सदियों से होते आए अपमान का बदला लेने का भरपूर मौका दे दिया।*

साथ घुमाया गया। अर्थी के साथ जानेवालों की भीड़ दोगुनी-तिगुनी हो गई। गाँव के सभी पुरुष दोनों की अर्थियों में शामिल थे। औरतें और बच्चे या तो छत से या घरों के सामने खड़े होकर अर्थियों को उत्सुकता से देख रहे थे।

आज धूप नहीं थी। धीरे-धीरे बादल घने होते जा रहे थे। जैसे इस अद्‌भुत क्रिया-कर्म के साक्षी होना चाहते हों। सूर्यदेव जैसे दुःख और पीड़ा की वजह से सामने ही नहीं आना चाहते थे। बादलों की ओट में छुप गए थे। हवा भी साँय-साँय की ध्वनि कर रही थी। जैसे वह विचलित हो। दोनों अर्थियाँ एक साथ श्मशान पहुँचीं। एक बड़ी चिता सजाई गई। दोनों मृत शरीर को चिताओं पर एक साथ रखा गया और पूर्ण हिंदू धार्मिक नियमों के अनुसार भारी मन से चिता को मंगू मोची और पंडितजी ने अश्रुपूरित सामूहिक अग्नि दी। हालाँकि हवा भी पागलपन के स्तर पर पहुँच चुकी थी। जो बादल इकट्‌ठे हुए थे, उन्होंने भी हवा के साथ प्रस्थान शुरू कर दिया। शायद वे इस करुण दृश्य को देख नहीं पा रहे थे। इन सबके बावजूद धीरे-धीरे चिता ने गति पकड़ ली।

*आज धूप नहीं थी। धीरे-धीरे बादल घने होते जा रहे थे। जैसे इस अद्‌भुत क्रिया-कर्म के साक्षी होना चाहते हों। सूर्यदेव जैसे दुःख और पीड़ा की वजह से सामने ही नहीं आना चाहते थे। बादलों की ओट में छुप गए थे। हवा भी साँय-साँय की ध्वनि कर रही थी। जैसे वह विचलित हो।*

अग्निदेव जैसे दोनों जिस्मों को एक करने के लिए लालायित थे। एक छोर पर पंडितजी तो दूसरे छोर पर मंगू अविरल आँसू बहा रहे थे।

यह कहना मुश्किल था कि लोगों के मन में एक-दूसरे समुदाय के प्रति हमदर्दी जाग गई थी या रमा का खौफ था कि सब एक-दूसरे के साथ सम्मानजनक और मित्रवत् व्यवहार कर रहे थे।

कुछ देर में दोनों शरीर पंचतत्त्व में विलीन हो चुके थे, पर चिता अभी भी जल रही थी। हवा भी काफी हद तक शांत हो चुकी थी, जैसे उसने इस पीड़ा को स्वीकार कर लिया था। बचे हुए बादलों ने हलकी बूँदाबाँदी शुरू कर दी। जैसे वे अपने आँसू रोक नहीं पा रहे हों। अस्थियाँ दूसरे दिन संग्रह करने का फैसला कर सभी भारी मन लेकर श्मशान से अपने-अपने घरों की तरफ प्रस्थान कर रहे थे।

*कुछ देर में दोनों शरीर पंचतत्त्व में विलीन हो चुके थे, पर चिता अभी भी जल रही थी। हवा भी काफी हद तक शांत हो चुकी थी, जैसे उसने इस पीड़ा को स्वीकार कर लिया था। बचे हुए बादलों ने हलकी बूँदाबाँदी शुरू कर दी। जैसे वे अपने आँसू रोक नहीं पा रहे हों।*

□

आज रात रमा फिर पंडितजी के सपने में आया और फरमान सुनाया कि दोनों की अस्थियाँ एक ही साथ हरिद्वार में प्रवाहित होंगी। मंगू भी साथ जाएगा, जिसका खर्च गाँववाले देंगे। पंडितजी

ने यह बात गाँववालों को बताई, जिसे बिना हर्ष मानने के अलावा कोई चारा नहीं था। अब रमा के सपने की चर्चा घर-घर थी। साथ में चौपाल में भी। कहते हैं कि गुरुजी ने एक बार गाँववालों को सपने आने के वैज्ञानिक कारण बताए। उसी दिन गाँव की चौपाल में घूमनेवाला साँड़ गुरुजी को मारने उनके पीछे दौड़ा। गुरुजी को तुरंत अहसास हुआ कि यह सब उस लाल कमीज की वजह से हुआ, जो उन्होंने पहन रखी थी, पर गाँव के लोगों ने मान लिया कि उन सपनों को नकारनेवाली भाषा बोलने की वजह से रमा ने साँड़ उनके पीछे दौड़ा दिया। फिर पंडितजी के कहने पर बेचारे गुरुजी को विज्ञान की किताब बस्ते में डालकर धार्मिक अंधविश्वास की किताब बाहर निकालनी पड़ी। उन्होंने सफेद कपड़ों में रमा और साँड़ दोनों से माफी माँगी। साथ ही अर्थदंड स्वरूप एक किलो गुड़ लाकर साँड़ को खिलाया। तब जाकर रमा और साँड़ दोनों शांत हुए।

> *आज रात रमा फिर पंडितजी के सपने में आया और फरमान सुनाया कि दोनों की अस्थियाँ एक ही साथ हरिद्वार में प्रवाहित होंगी। मंगू भी साथ जाएगा, जिसका खर्च गाँववाले देंगे। पंडितजी ने यह बात गाँववालों को बताई, जिसे बिना हर्ष मानने के अलावा कोई चारा नहीं था।*

रमा की आत्मा ने पंडितजी के सपने में आने का एक नित्य-कर्म बना लिया। गुरुजीवाली घटना के बाद लोगों ने सपनों पर सवाल और

तर्क करना छोड़ दिया। शायद रमा की आत्मा ने इसी का फायदा उठाया और विशाखा और रमा का मृत्यु भोज एक साथ कराने की माँग कर दी। कुछ लोगों को आपत्ति हुई तो रमा के डर और पंडितजी के रुआब के आगे कुछ बोल नहीं पाए। बरसात का मौसम था और हालात ये थे कि बादलों में भी गाँव के लोगों को रमा और विशाखा की आकृतियाँ नजर आने लगी थीं। बिजली के कड़कने को रमा के गुस्से से जोड़कर देखा जाता था। आजकल हर घर में सुबह-शाम हनुमान चालीसा का पाठ हो रहा था।

*अस्थियाँ संग्रह हुईं तो यह पता करना कठिन था कि कौन सी अस्थियाँ किसकी हैं। जिन आत्माओं का कुरबानी के साथ मिलन हुआ था, उनकी अस्थियाँ कैसे अलग रह सकती थीं। उन अस्थियों का हरिद्वार में सामूहिक विसर्जन का निर्णय लिया गया।*

अस्थियाँ संग्रह हुईं तो यह पता करना कठिन था कि कौन सी अस्थियाँ किसकी हैं। जिन आत्माओं का कुरबानी के साथ मिलन हुआ था, उनकी अस्थियाँ कैसे अलग रह सकती थीं। उन अस्थियों का हरिद्वार में सामूहिक विसर्जन का निर्णय लिया गया। और यही माँग रमा ने पंडितजी के सपने में भी की थी। पंडितजी, मंगू और गाँव के दो नवयुवकों ने अस्थियाँ लेकर हरिद्वार प्रस्थान किया। सभी ने मंगू का पूरा ध्यान रखा। यात्रा में कुछ मौकों पर तो जातिवाद के विरुद्ध समझौता भी करना पड़ा। रमा की माँग थी कि मृत्युभोज दोनों समाज द्वारा आमने-सामने बैठकर ग्रहण किया

जाए। अतः उसकी इच्छानुसार वह भी पूरा किया गया। रमा की माँग के अनुसार जहाँ उनकी चिता जली थी, वहीं गाँव के चंदे से एक मंदिर बनाया गया, जिसमें रमा और विशाखा की दूल्हे और दुलहन की शक्ल में मूर्तियाँ बनाकर रखी गईं। मंदिर का नाम रखा—'सती विशाखा मंदिर'।

हिंदुओं में एक नियम है शादी के बाद देव पूजन का, उसमें नवविवाहितों के लिए उस मंदिर का पूजन सौ रुपए की दक्षिणा के साथ अनिवार्य कर दिया। कर्णसिंह लौटकर नहीं आया। ठाकुर साहब की पुत्रवधू और कर्णसिंह की पत्नी इन घटनाओं की वजह से अवसाद में चली गईं, उसका गर्भ गिर गया, जिसे रमा का प्रकोप समझा गया। मंगू आजकल जूते सिलने बाजार नहीं जाता। वह सती विशाखा के मंदिर में रोज सुबह-शाम बैठता है। वहाँ दोनों की आरती होती है। मंदिर का चढ़ावा मंगू को मिलता है, जिससे उसका घर चलता है।

*हिंदुओं में एक नियम है शादी के बाद देव पूजन का, उसमें नवविवाहितों के लिए उस मंदिर का पूजन सौ रुपए की दक्षिणा के साथ अनिवार्य कर दिया। कर्णसिंह लौटकर नहीं आया। ठाकुर साहब की पुत्रवधू और कर्णसिंह की पत्नी इन घटनाओं की वजह से अवसाद में चली गईं, उसका गर्भ गिर गया, जिसे रमा का प्रकोप समझा गया।*

पंडितजी अभी भी मुख्य मंदिर की पूजा करते हैं। गाँव की

जिंदगी फिर अपने रास्ते पर लौट आई है। बस ठाकुर साहब के लिए बुरा लगता है। उनका तो जैसे सब उजड़ चुका है। रमा अभी भी पंडितजी के सपनों में आता है। हाँ, पंडिताइन अब तक कुछ भी स्वीकार नहीं कर पाई, इसलिए आज तक सती विशाखा के मंदिर में नहीं गई।

पंडितजी खाट पर लेटे थे, पंडिताइन ने हाथ पंखे से हवा करते हुए पंडितजी से पूछा, "क्या रमा सपने में आया था?" पंडितजी ने पंडिताइन को देखा तो उनके होंठों पर एक कुटिल मुसकराहट आ गई, जिसे वे छुपाते हुए बोले, "हाँ, आया था, आज शाम को हलवा-पूरी बनाने के लिए बोला है।" पंडिताइन ने आवेश में आकर कहा, "आप झूठ बोलते हो, ऐसे ही बोल-बोलकर मुझसे कितना काम करा लेते हो।" फिर स्वर को कोमल करते हुए बोली, "रमा को कहिए न कि एक दिन तो मेरे भी सपने में आए। आखिर मैं उसकी माँ हूँ।" पंडितजी ने तुरंत जवाब दिया, "मैंने कहा था उसको, उसने कहा कि माँ को पहले मंदिर भेज देना, अपनी बहू को देखने।" इसी के साथ पंडितजी ने

*पंडितजी खाट पर लेटे थे, पंडिताइन ने हाथ पंखे से हवा करते हुए पंडितजी से पूछा, "क्या रमा सपने में आया था?" पंडितजी ने पंडिताइन को देखा तो उनके होंठों पर एक कुटिल मुसकराहट आ गई, जिसे वे छुपाते हुए बोले, "हाँ, आया था, आज शाम को हलवा-पूरी बनाने के लिए बोला है।"*

कुटिल मुसकराहट के साथ करवट बदल ली।

शाम को शीतलता ने अपने पाँव पसारने शुरू कर दिए। मंगू मंदिर की सीढ़ियों पर बैठकर कोई भजन गुनगुना रहा था, तभी वहाँ पंडिताइन को देखकर दंग रह गया। उसने ध्यान दिया कि पंडिताइन की आँखों में आँसू थे।

*शाम को शीतलता ने अपने पाँव पसारने शुरू कर दिए। मंगू मंदिर की सीढ़ियों पर बैठकर कोई भजन गुनगुना रहा था, तभी वहाँ पंडिताइन को देखकर दंग रह गया। उसने ध्यान दिया कि पंडिताइन की आँखों में आँसू थे।*

जिस औरत ने कभी इस मंदिर को स्वीकार नहीं किया, वह यहाँ!!

मंगू हाथ जोड़कर खड़ा हो गया। पंडिताइन ने मुसकराने की कोशिश करते हुए मंगू का हालचाल पूछा और सीधी मूर्तियों के पास चली गई।

उसने रमा और विशाखा की मूर्तियों के पास जाकर मूर्तियों को प्यार करना, चूमना शुरू कर दिया, वह मूर्तियों से वात्सल्यपूर्वक स्नेह करने लगी, उनसे बातें करने लगी। पंडिताइन ने विशाखा की मूर्ति को कहा, "देखना अगले जन्म में रमा फिर मेरा बेटा बनेगा। हाँ, इस बार तुम किसी भी जाति में जन्म लेना, मैं तुम्हीं को बहू बनाऊँगी।" पंडिताइन कहते-कहते रुआँसी हो गई। वह आगे बोली, "यह जात-पाँत, ऊँच-नीच, भेदभाव न होता तो आज तुम दोनों मेरे साथ होते। ये न होते तो

संसार बहुत सुंदर होता। बस एक बार तुम लौटकर आना। इस बार मैं कोई जाति-वाति नहीं मानूँगी। तुम्हीं मेरी बहू बनना।"

मंगू ने यह सब सुना तो भावुक हो गया। पंडिताइन ने पलटकर देखा कि मंगू हाथ जोड़े खड़ा था। पंडिताइन धीरे से मंगू के पास आकर बोली, "हाथ मत जोड़िए, आप मेरे समधी हैं।" मंगू की आँखों में आँसू छलक आए, भरे गले से बोला, "मैं बेटी का बाप हूँ न।" और रो पड़ा। पंडिताइन ने उसे शांत कराया और बाकी कुशल-क्षेम पूछी और घर की तरफ रवाना हो गई। उसने घर जाकर पंडितजी को बताया कि आज वह मंदिर जाकर आई है। देखती हूँ, रमा आज सपने में आता है कि नहीं। पंडितजी कुछ नहीं बोले, बस मुसकराकर रह गए। पर मुसकराहट के पीछे और आँखों में एक पल के लिए कुटिलता आ गई।

*मंगू ने यह सब सुना तो भावुक हो गया। पंडिताइन ने पलटकर देखा कि मंगू हाथ जोड़े खड़ा था। पंडिताइन धीरे से मंगू के पास आकर बोली, "हाथ मत जोड़िए, आप मेरे समधी हैं।" मंगू की आँखों में आँसू छलक आए, भरे गले से बोला, "मैं बेटी का बाप हूँ न।"*

□

सुबह हो गई थी, पंडितजी शौच से निवृत्त होने जा चुके थे। पंडिताइन ने झाड़ू बुहारी कर ली थी। चूल्हे पर चाय चढ़ाकर पंडितजी के आने का इंतजार कर रही थी। पंडितजी ने आकर हाथ

धोए और खाट पर बैठ गए। पंडिताइन दो गिलास में चाय लेकर आई। एक गिलास पंडितजी को दिया और एक खुद लेकर पीने के लिए नीचे बैठ गई। चाय की चुस्की लेते हुए पंडिताइन ने कहा, "कल मंदिर गई थी न, इसलिए रात को रमा बहू के साथ मेरे सपने में आया।" पंडितजी ने पंडिताइन को आश्चर्य से देखा और कहा, "झूठ!!" पंडिताइन मुसकराते हुए पंडितजी को देखते हुए बोली, "झूठ तो आज तक आप बोलते आए हो, झूठ बोल-बोलकर तो आपने मंदिर बनवा दिया, साथ में भोज कर दिया, पूरे गाँव को एक कर दिया।" पंडितजी आश्चर्य से पंडिताइन को देखते जा रहे थे। उन्होंने लड़खड़ाती आवाज में पंडिताइन से पूछा, "तुमको किसने कहा? मैंने कोई झूठ नहीं कहा!!!"

*सुबह हो गई थी, पंडितजी शौच से निवृत्त होने जा चुके थे। पंडिताइन ने झाड़ू बुहारी कर ली थी। चूल्हे पर चाय चढ़ाकर पंडितजी के आने का इंतजार कर रही थी। पंडितजी ने आकर हाथ धोए और खाट पर बैठ गए। पंडिताइन दो गिलास में चाय लेकर आई।*

पंडिताइन ने तुरंत जवाब दिया, "रमा ने और किसने! कल सपने में आया था न!!"

एक पल रुकने के बाद दोनों हँस पड़े।

"तो तुमने मुझे पकड़ ही लिया।" पंडितजी शरारतपूर्ण अंदाज में बोले।

"मैं आपकी अर्धांगिनी हूँ, शुरू से ही जानती थी, इसलिए मंदिर नहीं जाती थी।" पंडिताइन दोनों खाली गिलासों को उठाते हुए बोली।

पंडितजी कुछ गंभीर होते हुए बोले, "कभी-कभी, सोचता हूँ इन झूठी बातों से मुझे बहुत पाप लगेगा, मुझे प्रायश्चित्त करना चाहिए।"

पंडिताइन रसोई में चाय के खाली गिलास रखकर आते हुए बोली, "आपने कोई पाप नहीं किया, सबको जातिवाद से ऊपर उठाकर इनसान बना दिया; और गाँव को क्या चाहिए। अगर अपने स्वार्थ और फायदे के लिए झूठ बोला होता तो पाप लगता। आपने पूरे गाँव को एक कर दिया, यह तो पुण्य का काम है।" पंडितजी ने स्वीकारोक्ति में अपनी गरदन ऊपर-नीचे की और दीवार पर टँगी रमा की तसवीर को देखने लगे। पंडिताइन भी पास आकर रमा की तसवीर देखते हुए बोली, "इस तसवीर के साथ एक तसवीर विशाखा की भी लगा दीजिए। कल मंदिर में देखा था, बहुत सुंदर जोड़ी है।" पंडितजी ने पंडिताइन की तरफ मुसकराते हुए देखा और कहा, "जरूर।"

□□□